# ABSCHLUSS-PRÜFUNGS-TRAINER

Realschulabschluss
Sachsen

Erarbeitet von
Inga Alkämper, Thomas Brand,
Hans-Joachim Gauggel, Sven Grünes,
Kerstin Haberkorn, Claudia Heidenreich,
Werner Heidenreich, Volker Westerkamp

 Deine **Online-Angebote** findest du hier:

1. Melde dich auf scook.de an.
2. Gib den unten stehenden Zugangscode in die Box ein.
3. Hab viel Spaß mit den Online-Angeboten.

Dein Zugangscode auf
**www.scook.de**

Die Online-Angebote können dort nach Bestätigung der AGB und Lizenzbedingungen genutzt werden.

**wnhfg-cpwrq**

**Cornelsen**

**Textquellenverzeichnis:**
**S. 7–8:** Probst, Stephanie: Das kann kein Meer mehr schlucken: Unsere Ozeane versinken im Plastikmüll. Aus: http://www.wwf.de/themen-projekte/meere-kuesten/plastik/unsere-ozeane-versinken-im-plastikmuell/ [26.06.2018]; **S. 11–12:** Viering, Kerstin: Verloren in der Antarktis. Aus: Berliner Zeitung, Nr. 262, 10.11.2015, S. 12; **S. 20–21:** Uhlmann, Berit: Das Glück der späten Jahre. Aus: http://www.sueddeutsche.de/gesundheit/lebenszufriedenheit-im-alter-das-glueck-der-spaeten-jahre-1.1593544/ [26.06.2018]; **S. 23:** Zimmermann, Tanja: Sommerschnee. Aus: Bolte, Marion (Hrsg.): Total verknallt. Ein Liebeslesebuch. Reinbek: Rowohlt Taschenbuchverlag 1994; **S. 28:** Auer, Martin: Die Leserin. Aus: Von Pechvögeln und Unglücksraben. Weinheim: Verlag Beltz & Gelberg 1989; **S. 30:** Abelaar, Virginie: Individualität. Aus: Lyrik Schwarz Weiss – Das moderne Forum für Literatur © Christian C. Gruber 1999-2011, Graz, 25.05.2018; **S. 35:** Kästner, Erich: Sachliche Romanze (1928). Aus: Leonhardt, Rudolf Walter (Hrsg.): Kästner für Erwachsene. © Atrium Verlag AG Zürich 1966;
**S. 39–40:** Brecht, Bertolt: Der kaukasische Kreidekreis. Leipzig: Reclam Verlag 1983, S. 99–107; **S. 44:** Thoren, Horst/Beils, Martin: Bundesjugendspiele abschaffen? Zitiert nach: http://www.rp-online.de/panorama/deutschland/bundesjugendspiele-abschaffen-ein-pro-und-contra-aid-1.5193913 [26.06.2018]; **S. 44 re.:** Aus dem Beschluss der Kultusministerkonferenz vom 26.10.1979, in der Fassung vom 12.09.2013, § 5 UrhG. (Auszug) Aus: https://www.bundesjugendspiele.de/wai1/showcontent.

asp?ThemaID=4916 [26.06.2018] **S. 51–52:** Schiller, Friedrich: Der Taucher. Aus: Friedrich Schiller: Gedichte. Hrsg. v. Georg Kurscheidt. Frankfurt a. M.: Deutscher Klassiker Verlag 1992, S. 77 ff.; **S. 64–65:** Goethe, Johann Wolfgang: Faust I. Frankfurt/M.: Insel Verlag 1981, S. 134 f.; **S. 68–69:** Bredow, Rafaela von/Hipp, Dietmar: Vergiss es! Zit. nach: Der Spiegel Nr. 51/2009, S. 123 ff.; **S. 72–73:** Palacio, Raquel J.: Bei August zu Hause. Aus: Wunder. Aus dem Englischen von André Mumot. München: dtv 2015, S. 158–262, © Carl Hanser Verlag; **S. 76:** Goethe, Johann Wolfgang: Willkommen und Abschied (1789). In: Goethes Werke. Hamburger Ausgabe in 14 Bänden. Band 1. Hamburg: Christian Wegner Verlag 1969, S. 28 f.; **S. 80:** Kästner, Erich: Kurt Schmidt, statt einer Ballade. Aus: Rausch, Wilhelm (Hrsg.): ... was nicht in euren Lesebüchern steht. Frankfurt/M.: Fischer Taschenbuch Verlag 1976

**Bildquellenverzeichnis:**
**S. 7:** action press/Ferrari Press Agency; **S. 12:** Berliner Zeitung/I. Galanty; **S. 14:** Interfoto/Mary Evans; **S. 20:** Fotolia/De Visu; **S. 35:** bpk-Bildagentur für Kunst, Kultur und Geschichte/Alexander Burkatowski/© Succession Picasso/VG Bild-Kunst Bonn 2018; **S. 37:** Fotolia/olegparylyak; **S. 44:** imago stock & people; **S. 48:** Fotolia/Sergey Novikov; **S. 52:** Fotolia/andrej pol; **S. 55:** Fotolia/eveleen007; **S. 58:** Fotolia/emperorcosar; **S. 65:** F1 online; **S. 79:** dpa Picture-Alliance/Markus Scholz

**Redaktion:** Janina Bachur, Christina Nier, Karin Unfried, Gabriella Wenzel
**Illustrationen:** Katia Fouquet, Berlin (S. 6, 30, 80); Jana Muraitis, Berlin (S. 60, 76); Maja Bohn, Berlin (S. 40)
**Umschlaggestaltung:** Rosendahl, Berlin
**Layoutkonzept und technische Umsetzung:** Klein & Halm Grafikdesign, Berlin

**www.cornelsen.de**

Die Webseiten Dritter, deren Internetadressen in diesem Lehrwerk angegeben sind, wurden vor Drucklegung sorgfältig geprüft. Der Verlag übernimmt keine Gewähr für die Aktualität und den Inhalt dieser Seiten oder solcher, die mit ihnen verlinkt sind.

Dieses Werk berücksichtigt die Regeln der reformierten Rechtschreibung und Zeichensetzung. Bei den mit [R] gekennzeichneten Texten haben die Rechteinhaber einer Anpassung widersprochen. Die mit * markierten Texte wurden aus didaktischen Gründen gekürzt und/oder verändert.

1. Auflage, 1. Druck 2018

Alle Drucke dieser Auflage sind inhaltlich unverändert und können im Unterricht nebeneinander verwendet werden.

Druck: H. Heenemann, Berlin

978-3-06-211006-1

# Inhaltsverzeichnis

# Was erwartet dich in der Prüfung?

Liebe Schülerin, lieber Schüler,

bald ist es für dich so weit und du legst die Prüfung für den Realschulabschluss im Fach Deutsch ab. Damit du weißt, was dich in der Prüfung erwartet, wollen wir dir an dieser Stelle wichtige Informationen für den Prüfungsablauf geben.

Die Prüfung besteht aus **zwei Teilen**. Der erste Prüfungsteil überprüft dein Textverständnis. Bei diesem Teil kannst du maximal 20 Bewertungseinheiten (BE) erreichen.
Der zweite Prüfungsteil besteht aus einer Schreibaufgabe. Du kannst aus drei verschiedenen Themen eines auswählen. Für diesen Teil kannst du maximal 30 BE erreichen.

Im **ersten Teil** der Prüfung geht es vor allem um das Verstehen von Texten. Du erhältst zunächst einen Sachtext oder einen literarischen Text sowie mehrere Aufgaben zu diesem Text. Diese Aufgaben fordern dich zum Beispiel auf, eine richtige Antwort anzukreuzen, eine korrekte Aussage zu notieren, eine Information mit Zeilenangabe aus dem Text zu entnehmen, eine textbezogene Erklärung abzugeben oder einen Textabschnitt zusammenzufassen.

Im **zweiten Teil** der Prüfung produzierst du einen eigenen Text. Zur Wahl stehen drei verschiedene Themen, an die jeweils ein Text gekoppelt ist. Das kann zum Beispiel ein Gedicht, ein Sachtext, ein Auszug aus einem Drama oder ein nichtlinearer Text (ein Diagramm) sein. Mit dem Thema legst du dich auch gleichzeitig auf eine bestimmte Textform fest, zum Beispiel Rollenbiografie, Brief, Kommentar, Erörterung, Figurencharakteristik oder innerer Monolog. Welche Textsorte von dir verlangt wird, weißt du vorher nicht. Deshalb solltest du die Merkmale dieser Textsorten kennen und sie verfassen können.

Für die Bearbeitung beider Prüfungsteile stehen dir **240 Minuten** zur Verfügung. Vor dieser Bearbeitungszeit hast du **20 Minuten** Vorbereitungszeit, dich mit den Texten, Themen und Aufgaben vertraut zu machen.

Die festgelegte Zeit solltest du dir gut einteilen. In den ersten 20 Minuten Vorbereitungszeit darfst du noch nichts schreiben. Mit Beginn der Bearbeitungszeit hast du 240 Minuten, das sind vier Stunden, die du dir selbst einteilen kannst. Da du für den zweiten Teil mehr BE erreichen kannst, solltest du hier auch etwas mehr als die Hälfte der Zeit einplanen.

| Zeit | Prüfungsteile | Bewertungseinheiten | Zeitvorschlag |
|------|---------------|---------------------|---------------|
| 20 Minuten | Vorbereitungszeit | 0 | — |
| 240 Minuten | 1. Teil Textverständnis | 20 | 80 – 100 Minuten |
| | 2. Teil Textproduktion | 30 | 140 – 160 Minuten |

# Wie arbeitest du mit diesem Heft?

Wie du auf der vorherigen Seite erfahren hast, besteht die Prüfung aus zwei Teilen. In diesem Heft lernst du alle Techniken kennen, die du für die Bearbeitung der beiden Prüfungsteile brauchst. Du übst, unterschiedliche Texte zu verstehen sowie das Textverständnis zu sichern, und du schreibst eigene Texte. Darüber hinaus kannst du an konkreten Beispielen die Prüfungssituation trainieren.

Im **ersten Kapitel** findest du Übungen zum ersten Prüfungsteil.

Du trainierst,
- wie du erfolgreich Multiple-Choice-Aufgaben löst,
- wie du Fragen zum Text am besten beantwortest,
- wie du Tabellen und Diagramme entschlüsselst

und vieles andere mehr.

> **Tipp**
>
> Blau umrahmte Tipp-Kästen liefern Tipps, die dir bei der Lösung der Aufgaben helfen.

Im **zweiten Kapitel** kannst du Aufgaben zum zweiten Prüfungsteil trainieren.

Du übst,
- wie du mit der Aufgabenstellung umgehst,
- wie du Schreibideen sammelst und Abläufe planst,
- wie du Aufgaben zum erörternden Erschließen löst (z. B. einen Blogeintrag schreiben),
- wie du Aufgaben zum gestaltenden Erschließen löst (z. B. einen Tagebucheintrag formulieren).

Wichtige Strategien zur Texterschließung findest du auf der vorderen inneren Umschlagseite und die wichtigsten sprachlichen Mittel (Stilmittel) findest du auf der hinteren inneren Umschlagseite.

> **Info**
>
> Info-Kästen fassen für dich zentrale Lerninhalte und wichtige Infos zur Prüfung in Kürze zusammen.

Im **dritten Kapitel** kannst du dann selbstständig Prüfungsaufgaben bearbeiten. Dabei achtest du auf die dir zur Verfügung stehende Zeit. So lernst du Schritt für Schritt den Aufbau einer Prüfung und die gesamte Prüfungssituation kennen.

Mit dem beiliegenden **Lösungsteil** kannst du deine Ergebnisse überprüfen und – wenn nötig – verbessern.

> Zusätzlich kannst du dein Grundwissen mithilfe der Online-Übungen wiederholen und vertiefen. Nutze dazu den Zugangscode auf Seite 1 (www.scook.de). Ebenfalls online findest du die Lösungen zu diesem Heft. Den Zugangscode dazu findest du auch auf Seite 1.

**Viel Spaß beim Training mit diesem Heft und viel Erfolg bei der Prüfung!**

# Übungen zum ersten Prüfungsteil: Textverständnis

Im ersten Prüfungsteil sollst du nachweisen, dass du Texte verstehst. Vorgesehen sind dafür sowohl kontinuierliche (zusammenhängende) Texte als auch nichtkontinuierliche Texte (Grafiken, Statistiken, Diagramme, Tabellen). Neben Sachtexten werden kürzere, in sich geschlossene literarische Texte im Vordergrund stehen.

## Die Aufgabenformate

### Multiple-Choice-Aufgaben

Multiple-Choice-Aufgaben kommen ebenfalls vor und sind so aufgebaut, dass du mehrere Antworten zur Auswahl bekommst und dich durch Ankreuzen für die richtige entscheiden musst. Lies dir die Fragen mehrfach durch und suche im Text die betreffende Stelle heraus, damit du gezielt antworten kannst. Für das Setzen des richtigen Kreuzes musst du mitunter eine kleine Denkleistung vollbringen, an der man erkennt, dass du den Text verstanden hast. Setze dich mit den Antwortvorgaben kritisch auseinander und prüfe deine Lösung am Text. Kreuze erst dann die deiner Meinung nach richtige Lösung an.

### Fragen zum Text

Die Fragen oder Aufgaben im ersten Prüfungsteil können im Schwierigkeitsgrad sehr unterschiedlich sein. Zuerst geht es darum, aus dem Text einzelne Informationen zu ermitteln. Es wird gezielt nach Begriffen, Fakten oder Aussagen gefragt, die du entweder markieren, zitieren, herausschreiben oder erklären sollst. Nachdem du dich mit den Einzelteilen des Textes befasst hast, musst du nun den Text als Ganzes wahrnehmen und Zusammenhänge zwischen den einzelnen Teilen erkennen, den Textaufbau, die Argumentation des Schreibers und die Sinnebene des Textes nachvollziehen können. Auch wirst du in die Lage versetzt, eine bestimmte Textpassage zu beurteilen oder einen Text zu bewerten.

Bei all diesen Aufgaben musst du keine langen Texte verfassen, sondern so konkret wie möglich auf die jeweiligen Fragen antworten. Hüte dich also vor zu schnellen Antworten und überdenke, ob du wirklich auf die Frage angemessen reagiert hast.

### Fragen „über den Text hinaus"

Der erste Prüfungsteil wird auch Aufgaben enthalten, die über das im Text Gesagte hinausreichen, z.B. Schlussfolgerungen ableiten, die sich aus dem Text für bestimmte Lesergruppen ergeben, oder sich mit einer möglichen Weiterverwendung der Textinhalte oder Textbotschaften auseinandersetzen. Diese Fragen können auch fächerverbindenden Charakter haben und setzen in gewisser Weise eine gute Allgemeinbildung voraus.

*Lies dir alle Aufgaben in Ruhe durch. Beginne mit den leichteren Aufgaben. Schwierige Aufgaben kannst du erst einmal überspringen und später lösen. Achte genauestens auf die Anweisung in der Aufgabe. Stelle dir die Frage: Was wird in welcher Form von mir verlangt?*

# Einen Sachtext verstehen

## Übungstext 1

**1** *Lies den folgenden Text aufmerksam durch.*

### Unsere Ozeane versinken im Plastikmüll    *Stephanie Probst*

**Etwa 70 Prozent der Oberfläche der Erde sind
von Wasser bedeckt. Doch heute schwimmen
in jedem Quadratkilometer der Meere zehntausende Teile Plastikmüll, die eine allgegenwärti-**
5 **ge Gefahr für Fische, Vögel und Meeressäuger
sind. Plastikgiftstoffe können auch über
Fische in die menschliche Nahrung gelangen.**

(1) Drei Viertel des Meeresmülls bestehen
aus Plastik. Dieses Plastik ist ein ständig wachsen-
10 des Problem, kostet jedes Jahr zehntausende
Tiere das Leben und gefährdet auch uns Menschen. Denn bis zur völligen Zersetzung von
Plastik können 350 bis 400 Jahre vergehen. Zunächst zerfällt es lediglich in immer kleinere
15 und noch kleinere Partikel, so genannte Mikropartikel. Wenn wir heute barfuß einen Strand
entlanglaufen, haben wir neben den Sandkör-
nern meist auch viele feine Plastikteilchen unter den Füßen.
20 Im Meer sind gerade diese kleinen Partikel
ein großes Problem, da sie von den Meerestie-
ren mit Plankton[1] verwechselt werden. „Sogar in
Muscheln, die Plankton filtrieren, konnte man
schon kleine Plastikteilchen nachweisen. An
25 manchen Stellen befindet sich heute sechsmal
mehr Plastik als Plankton im Meereswasser und
auch das Plankton selbst reichert feinste Plastikteilchen in sich an", erklärt Stephan Lutter,
WWF[2]-Experte für Meeresschutz.
30 Mikropartikel, kleiner als ein Millimeter,
gelangen problemlos in die Körper von Meeres-

tieren und durch deren Verzehr auch in den
menschlichen Organismus. Welche Auswirkun-
gen das haben kann, ist noch nicht endgültig  35
erforscht. Doch eines ist sicher: Plastik enthält
Giftstoffe wie Weichmacher und Flammschutz-
mittel, die den Meeresbewohnern schaden und
durch die Nahrungskette auch den Menschen
erreichen können. [...]  40

(2) Der Müll in unseren Ozeanen besteht
aus Plastiktüten, PET-Flaschen, Feuerzeugen,
Zahnbürsten, Einmalrasierern, Dämm-Material
und vielen anderen Dingen mehr. Die bunten
Plastikteile werden viel zu oft mit Nahrung  45
verwechselt. So findet man immer häufiger
Kadaver[3] von Seevögeln mit Kunststoffteilen im
Magen. Die Tiere ersticken, erleiden tödliche
Verstopfungen oder verhungern bei vollen Mägen. Der Mageninhalt von toten Eissturmvögeln  50
ist inzwischen ein anerkannter Nachweis für

die Verschmutzung unserer Meere. Denn Eissturmvögel sind Hochseevögel – was sie fressen,
stammt aus dem Meer. Bei einer Untersuchung

1 Plankton: tierische und pflanzliche Lebewesen im Wasser,
  die sich nicht selbst bewegen können
2 World Wide Fund for Nature: internationaler Verband zum
  Schutz wild lebender Pflanzen und Tiere

3 Kadaver: toter Körper eines Tieres

fanden Wissenschaftler bei 93 Prozent der Eissturmvögel Plastikteile im Magen. Im Durchschnitt 27 Partikel pro Vogel. Doch nicht nur Seevögel sind betroffen, sondern auch Meeressäuger
und Fische. Die Lederschildkröte beispielsweise
frisst hauptsächlich Quallen. Immer öfter verwechselt sie jedoch im Wasser treibende Plastiktüten mit ihrer Lieblingsmahlzeit. [...]

(3) Jedes Jahr landen fast sieben Millionen
Tonnen Plastikmüll in unseren Meeren und bilden teilweise gigantische Müllstrudel im Wasser: In der Mitte der Ozeane gibt es große, kreisförmige Meeresströmungen, die den Müll in
sich aufnehmen und stetig herumwirbeln.

Der bekannteste Müllstrudel ist der „Great
Pacific Garbage Patch" im Nordpazifik, der seit
Jahrzehnten wächst und wächst. Inzwischen ist
er so groß wie ganz Zentraleuropa. „Das ist bei
Weitem nicht der einzige Müllteppich, derartige
Strudel gibt es in allen Ozeanen", betont Stephan Lutter. „Im Nordatlantik hat man zum Beispiel auch einen Müllstrudel entdeckt. Und bei
uns in Nord- und Ostsee treibt ebenfalls jede
Menge Müll, obwohl das eigentlich Sondergebiete sind: Da darf eigentlich gar kein Müll von
Schiffen über Bord gehen!"

In jedem Quadratkilometer Meer schwimmen heute bis zu 46.000 Teile Plastikmüll. Die
Menge des treibenden Mülls an der Wasseroberfläche ist so groß, dass dieser vom Weltraum aus zu erkennen ist – als riesige Müllteppiche, die mit den Meeresströmungen wandern.
Dabei sind die Abfälle an der Meeresoberfläche
nur die Spitze des Eisberges. Mehr als 70 Prozent
des Mülls sinken auf den Grund. Zurück an Land
gelangen nur 15 Prozent der Plastikabfälle. Doch
allein diese bieten ein eindeutiges Bild, das besonders die Inseln im Indischen Ozean und im
Pazifik prägt: Der Müll färbt die Küsten bunt.

(4) Auch deutsche Inseln leiden unter dem
Müllproblem. Auf Mellum nahe Wilhelmshaven
findet sich jede Menge angeschwemmter Abfall
am Strand. Die Nordseeinsel ist nicht bewohnt
und es gibt hier keine Touristen. Auf Mellum
wird weder Müll verursacht noch entsorgt. Deshalb sind die Insel und ihr Strand heute ein eindeutiger Indikator⁴ für die Verschmutzung der
Nordsee – ein Indikator, der schon mal auf 100
Metern Strand über 700 Teile Müll aufweist. [...]

(5) Neben den gesundheitlichen Bedrohungen für Mensch und Tier hat der Müll im Meer
auch ökonomische Folgen. Tourismusgebiete
sind bedroht, Strände müssen ständig gesäubert
werden, der Müll verfängt sich regelmäßig in
Schiffsschrauben und Fischernetzen. Auch die
Landwirtschaft leidet unter verschmutztem
Weideland in Küstennähe. Bei Kraftwerken verursacht der Müll Schäden bei der Kühlwasseraufnahme, bei Entsalzungsanlagen blockiert er
den Wasserkreislauf. Die Verschmutzung unserer Meere führt jedes Jahr zu enormen wirtschaftlichen Schäden.

(6) Der Müll in den Meeren ist ein globales
Problem und wir müssen handeln, um es zu lösen. Doch ohne einen strengen Maßnahmenkatalog wird es nicht gehen. Deshalb ist neben
Wirtschaft, Industrie und Bürgern auch die Politik gefragt – um neue Richtlinien und Anreize
zu schaffen, aber auch die Einhaltung bereits
bestehender Gesetze konsequenter zu verfolgen. Es bedarf regionaler und globaler Anstrengungen, um die Verschmutzung unserer Meere
zu verringern. Dafür ist auch eine ständige, aktive Zusammenarbeit der zuständigen Behörden
weltweit nötig. *

---

4 Indikator: zeigt durch Aufzeigen eines Merkmals oder Umstandes eine bestimmte Entwicklung an

**2** *Notiere, worüber der Text informiert.
Ergänze den folgenden Satz.*

*Der Text informiert über* _____

_____

_____

**Info**

Das Thema eines informierenden Textes wird oft
schon in der Überschrift und dem Untertitel oder
am Anfang des Textes genannt. Das Textthema
kann man auch an den Grund- oder Leitgedanken
erkennen. Diese sind oft auch an den Teilüberschriften erkennbar.

**3** *Lies den Text ein zweites Mal.*
  **a)** *Markiere unbekannte Wörter und schlage ihre Bedeutung im Wörterbuch nach.*
  **b)** *Notiere am Rand Ausrufezeichen für besonders wichtige Textstellen und Fragezeichen für Textstellen, die dir unklar sind.*

**4** *Erkläre die Bedeutung des Wortes „Müllstrudel" (Z. 64) und benenne aus dem Text ein Beispiel.*

_____

_____

_____

**5** *Kreuze die richtige Antwort an.*

Die vollständige Zersetzung von Plastik dauert
300 bis 400 Jahre (Absatz 1),

  a) ☐ weil das Material so gut auf dem Wasser schwimmt.

  b) ☐ denn ein Plastikbecher ist sehr stabil.

  c) ☐ weil das Material in immer kleinere Mikropartikel zerfällt.

  d) ☐ weil es sehr hitzebeständig ist.

> **Tipp**
> In einigen Aufgaben findest du Zeilenangaben oder Absatznummern, die dir hilfreiche Hinweise darauf geben, in welchen Textabschnitten du die gefragten Informationen findest.

**6** *Kreuze die richtige Antwort an.*

Mikropartikel gelangen problemlos in den Körper des Menschen (Z. 30–33),

  a) ☐ weil sie an den Füßen kleben.

  b) ☐ wenn er im Meeressand spielt.

  c) ☐ weil sie in der Luft schweben.

  d) ☐ wenn er Meerestiere verzehrt.

**7** *Kreuze die richtige Antwort an.*

Die Formulierung „Die Tiere […] verhungern bei vollen Mägen" (Z. 47–49) soll verdeutlichen, dass

  a) ☐ die Tiere zu wenig Nahrung finden.

  b) ☐ die Tiere Magengeschwüre entwickelt haben.

  c) ☐ Plastikteile ohne Nährstoffe ihre Mägen füllen.

  d) ☐ sie zu viele Fische gefressen haben.

**8** *In den Weltmeeren schwimmen zehntausende Plastikteile pro Quadratkilometer. Notiere jeweils eine Folge dieses Mülls für die Ernährung und die Mobilität der Tiere. (Abschnitt 2)*

| | Folgen |
|---|---|
| a) Ernährung | |
| b) Mobilität | |

**9** *Notiere, aus welchem Grund die Wissenschaftler den Eissturmvogel als Nachweis für die Verschmutzung der Meere nutzen. (Abschnitt 2)*

_____

_____

_____

**10** *Erläutere die Formulierung „Der Müll färbt die Küsten bunt." (Z. 92) im Textzusammenhang.*

_____

_____

_____

_____

**11** *Erläutere, warum die deutsche Insel Mellum als Indikator der Nordseeverschmutzung gilt. (Abschnitt 4)*

_____

_____

_____

**12** *Notiere jeweils ein Beispiel für die wirtschaftlichen Schäden der Meeresverschmutzung für die Schifffahrt, den Tourismus und die Landwirtschaft.*

|  | Folgen |
|---|---|
| a) Schifffahrt | |
| b) Tourismus | |
| c) Landwirtschaft | |

**13** *„Der Müll in den Meeren ist ein globales Problem und wir müssen handeln, um es zu lösen."*
*Formuliere mit eigenen Worten, an wen diese Aufforderung gerichtet ist.*

_____

_____

## Übungstext 2

**1** *Lies den folgenden Text aufmerksam durch.*

### Verloren in der Antarktis   *Kerstin Viering*

**Vor 100 Jahren erlebten Ernest Shackleton und seine Begleiter auf dem Schiff „Endurance" eine der dramatischsten Reisen der Polarforschung.**

(1) Ein unheimliches Krachen zerriss die eisige Stille, das Splittern hölzerner Planken. Da
5 muss Ernest Shackleton klar geworden sein, dass es für die „Endurance" kein Entrinnen mehr gab. Schon seit Monaten war das Expeditionsschiff in den unberechenbaren Gewässern der Antarktis festgefroren. Nun, am 14. Oktober 1915
10 gab der Rumpf dem gewaltigen Druck des Packeises nach. Shackleton ließ die Schlittenhunde, Rettungsboote und Vorräte aufs Eis schaffen. Am 27. Oktober musste das Schiff evakuiert werden, am 21. November versank es wie ein Stein
15 in den eisigen Fluten. Es war das Ende eines Traums: Statt Ruhm und Ehre schien die Entdeckungsreisenden der Tod zu erwarten.

(2) Dabei wollte Ernest Shackleton doch eigentlich ein neues Kapitel in der Geschichte der
20 Polarforschung schreiben. Denn den Südpol hatten schon andere erreicht, den Nordpol angeblich auch. Shackleton wollte als Erster die Antarktis durchqueren. Ein Teil der Expeditionsteilnehmer sollte mit der „Endurance" unter
25 Shackletons Kommando ins Weddellmeer fahren und von dort an der Küste landen. Von da aus wollten die Männer mit Hunden und Motorschlitten quer durch den Kontinent bis zum Rossmeer gelangen – inklusive Südpolbesuch.
30 Klar war, dass sie nicht genügend Proviant für den ganzen Weg mitschleppen konnten. Also sollte eine zweite Gruppe mit dem Schiff „Aurora" ins Rossmeer fahren, ihren Kollegen von der dortigen Küste aus entgegengehen und unter-
35 wegs Versorgungsdepots anlegen. An Bewerbern für die Expedition fehlte es nicht: Mehr als 5000 Abenteuerlustige meldeten sich, 56 davon bekamen schließlich eine Zusage.

(3) Am 8. August 1914 legte die „Endurance"
40 im englischen Hafen Plymouth ab, am 5. Dezember verließ sie nach einem langen Zwischenstopp die Walfänger-Station Grytviken auf der Insel South Georgia. Dann aber machte das unberechenbare Packeis der Expedition einen le-
45 bensgefährlichen Strich durch die Rechnung.

Immer enger wurden die Kanäle zwischen den Schollen, immer schwieriger wurde es, das Schiff durch dieses Labyrinth zu manövrieren. Und am 18. Januar 1915 fror die „Endurance" fest.
50 Alle Versuche, mit Meißeln, Hacken und Sägen doch noch einen Weg durch die weißen Massen zu brechen, schlugen fehl. Die Männer saßen im antarktischen Weddellmeer fest und der endlose Polarwinter stand bevor. Erst Monate später
55 würde das Schiff wieder freikommen – wenn überhaupt.

(4) Wie sollte man nicht den Verstand verlieren, wenn man am eisigen Ende der Welt festsaß? Shackleton setzte der Langeweile Theater-
60 aufführungen und Fußballspiele auf dem Eis entgegen, Schlittenhunderennen und Geburtstagsfeiern. Monatelang ging alles einigermaßen gut. Bis die Kräfte des Eises zu stark wurden und das Schiff zerbrachen. Danach zelteten die Po-
65 larforscher auf dem Eis. Gejagte Robben und Pinguine kamen auf die Teller, das Fett der Tiere lieferte Brennstoff für die Öfen. Und wieder kämpften die Männer mit Spielen und Musik gegen die Eintönigkeit der Tage. Derweil ging
70 der kurze antarktische Sommer vorüber und sie drifteten weiter nach Norden. Die Eisscholle, auf der sie hockten, war mit den steigenden Temperaturen geschrumpft und drohte zu zerbrechen.

(5) Die Männer mussten ein neues Wagnis
75 eingehen. Am 9. April 1916 kletterten sie in ihre drei Rettungsboote und nahmen den Kampf gegen die eisigen Fluten und Stürme des Südpolarmeeres auf. Die Temperaturen sanken teils bis auf minus 30 Grad Celsius, eisige Wassermassen
80 schwappten über Bord und durchnässten die Besatzung bis auf die Haut. Und dann waren da noch die auch als „Killerwale" bekannten Orcas: „Schiffbrüchige Seeleute, die im Arktischen Ozean treiben, sind aus Sicht der Killer wahrschein-
85 lich etwas, von dem sie nicht zu träumen gewagt haben", schrieb Shackleton. „Bei genauerer Untersuchung könnten sie diese als schmackhaften Ersatz für Robben und Pinguine betrachten." Sechs Tage später war der Höllentrip zu
90 Ende: Die Männer erreichten die unbewohnte, abgelegene Insel Elephant Island. Pinguine, Robben, Felsen und Eis waren aber das Einzige,

95 was die Insel zu bieten hatte. Zurück in die Zivilisation konnten sie nur, wenn sie South Georgia mit seinen Walfängern erreichten. Das bedeutete weitere 1300 Kilometer eisiges Meer mit turmhohen Wellen. Wenn sie nicht auf Elephant Island sterben wollten, mussten sie es 100 versuchen.

(6) Am 24. April 1916 bestieg Shackleton mit fünf Begleitern eines der Boote und nahm Kurs auf South Georgia, um Hilfe zu holen. Mehr als zwei Wochen lang kämpfte sich die nicht ein- 105 mal sieben Meter lange „James Caird" durch Kälte und Stürme. „Die ständige Bewegung des Bootes machte das Ruhen unmöglich; wir wa-

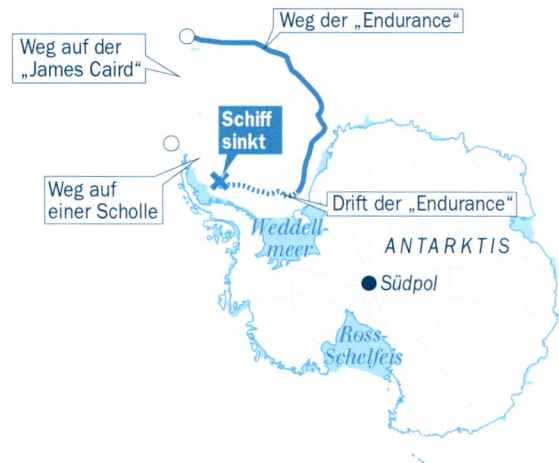

Weg auf der „James Caird"

Weg der „Endurance"

**Schiff sinkt**

Weg auf einer Scholle

Drift der „Endurance"

*Weddell-meer*

*ANTARKTIS*

● *Südpol*

*Ross Schelfeis*

ren durchgefroren, uns tat alles weh, und wir hatten Angst", berichtete Shackleton in seinem 110 drei Jahre später erschienenen Buch „South". Doch am 10. Mai 1916 kam das Boot tatsächlich auf South Georgia an. Nur leider auf der falschen

Seite. Zwischen dem Landeplatz und der Walfangstation lagen Gletscher und tausend Meter hohe Berge. Doch Aufgeben kam nicht infrage. 115 Drei der Männer blieben am Strand zurück, während Shackleton und die beiden übrigen in einem 36-stündigen Marsch das Inselinnere durchquerten.

(7) „Draußen sind drei komisch aussehende 120 Männer, die sagen, dass sie über die Insel gekommen sind und Sie kennen", meldete der Vorarbeiter dem Leiter der Walfangstation, Thoralf Sørlle. Der glaubte seinen Augen kaum, als er dem längst tot geglaubten Polarforscher gegen- 125 überstand. „Kommt rein, kommt rein", drängte der Norweger. Doch Shackleton zögerte: „Ich fürchte, wir riechen." Für den Rest der Mannschaft, der immer noch an zwei unwirtlichen Orten festsaß, sollte das Warten bald ein Ende 130 haben. Zunächst wurde ein Walfänger-Schiff zur anderen Seite der Insel geschickt, um die dort Zurückgelassenen abzuholen. Und am 30. August 1916 gelang schließlich auch die Evakuierung der 22 Männer von Elephant Island. 135

Alle Polarforscher hatten also überlebt, auch dank der Führungsqualitäten von Ernest Shackleton. Er wurde nach diesem Antarktis-Drama zur Legende. Zwar hatte er nicht als Erster am Pol gestanden, trotzdem gilt er bis heute 140 als eine der beeindruckendsten Persönlichkeiten der Polarforschung. So pflegen die Besatzungen und Passagiere vieler moderner Kreuzfahrtschiffe auf dem Weg in die Antarktis einen Abstecher zu Shackletons Grab auf South Geor- 145 gia zu machen, um auf ihn anzustoßen.

**2** *Schreibe die Satzanfänge ab und vervollständige die nachfolgenden Aussagen zum Text.*

**a)** *Das Expeditionsschiff begann seine Reise* _____

**b)** *Das Expeditionsschiff trug den Namen* _____

**c)** *Ein zweites Schiff mit Namen „Aurora" hatte die Aufgabe,* _____

_____

**d)** *Für die Expeditionsmannschaft wurden aus 5000 Bewerbern* _____

_____

**3** *Schreibe auf, welches neue Kapitel der Polarforschung Shackleton schreiben wollte.*

_____

_____

**4** *Notiere, mit welcher Hilfe Shackleton vom Weddellmeer übers Land zum Rossmeer gelangen wollte.*

_____

_____

**5** *Nummeriere die Reihenfolge der Ereignisse auf Shackletons Expedition.*

|  | Nummer |
|---|---|
| a) Aufbruch in England zur Expedition | _____ |
| b) Einfrieren des Expeditionsschiffes im Weddellmeer | _____ |
| c) Rettung der übrigen Mannschaft auf Elephant Island | _____ |
| d) Zwischenstopp auf der Insel South Georgia | _____ |
| e) Weiterfahrt in Rettungsbooten nach Elephant Island | _____ |
| f) Fußmarsch auf South Georgia zur Walfangstation | _____ |
| g) Überfahrt nach South Georgia | _____ |

**6** *Notiere mindestens vier Maßnahmen, mit denen Shackleton die Zeit für seine Mannschaft bis zur Eisschmelze erträglich gestaltete.*

_____

_____

_____

_____

**7** *Notiere den Grund, warum die „Endurance" unterging.*

_____

_____

_____

**8** *Während sich die Expeditionsteilnehmer auf einer Eisscholle befanden, nutzten sie Robben und Pinguine als natürliche Ressourcen zum Überleben.*
*Notiere, was sie von den Tieren nutzten und den jeweiligen Verwendungszweck.*

| Ressource | Verwendungszweck |
|---|---|
|  |  |
|  |  |

**9** *Kreuze an, warum Shackletons Expedition mit drei Rettungsbooten nach Elephant Island weiterfuhr.*

Die Mannschaft ...

a) ☐ wollte den arktischen Sommer zur Weiterfahrt nutzen.

b) ☐ lief Gefahr, auf der schmelzenden Eisscholle abzutreiben.

c) ☐ wollte nicht als Futter für die gefährlichen Orcas enden.

d) ☐ beschloss, ein neues Wagnis einzugehen.

**10** *Der Autorin nach wurde Ernest Shackleton zur Legende und er gilt noch „heute als eine der beeindruckendsten Persönlichkeiten der Polarforschung" (Z. 140−142). Erkläre mit Informationen aus dem Text, warum diese Einschätzung angemessen ist.*

_____

_____

_____

_____

_____

**11** *Notiere, wie Shackleton heutzutage geehrt wird.*

_____

_____

_____

_____

# Eine Grafik auswerten

**Textart: Nichtkontinuierliche Texte**

Informationen zu Sachverhalten und Themen werden nicht nur in kontinuierlichen Sachtexten, sondern auch in **Grafiken**, **Diagrammen**, **Tabellen** und **Schaubildern**, sogenannten nichtkontinuierlichen Texten, vermittelt. In Sachtexten werden häufig Grafiken verschiedenster Art genutzt, um Informationen übersichtlich darzustellen. Man unterscheidet folgende Diagrammarten:

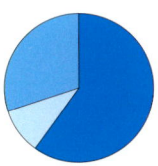 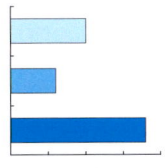 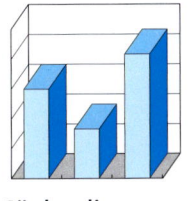 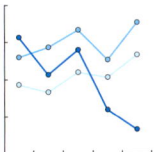

| Kreisdiagramm | Balkendiagramm | Säulendiagramm | Kurven- oder Liniendiagramm |

Achtung! Im Gegensatz zu fließend zu lesenden Texten sind die Informationen in nichtkontinuierlichen Texten an verschiedenen Stellen ablesbar. Deshalb gibt es zu ihrem Verständnis auch keine einheitliche Leserichtung.

**1** *Sieh dir die folgende Grafik genau an. Schreibe das Thema auf.*

---

---

---

**Unfallbeteiligte bei Fahrradunfällen innerorts in Deutschland**

16 %
5 %
2 %
7 %
1 %
5 %   1 %
63 %

| ■ Pkw | ■ Krad | ■ Fußgänger |
| ■ Bus | ■ Fahrrad | ■ Alleinunfall |
| ■ Lkw | Sonstiges Fahrzeug | |

Angaben für 2012.
Quelle: Destatis – Statistisches Bundesamt 2013b.

Achte beim **Lesen eines nichtkontinuierlichen Textes** auf Folgendes:

Hinweise auf das **Thema** erhält man aus der Überschrift, der Bezeichnung einzelner Bestandteile oder durch beigefügte Erläuterungen in einem Text.

Achte auf **die angegebenen Werte und Maßeinheiten**. Werte werden in absoluten Zahlen oder Prozenten dargestellt.

Die Bedeutung von **Farben und Symbolen** wird in der **Legende** erklärt.

Angaben zur **Quelle** und dem **Erscheinungsjahr** findet man häufig am unteren oder seitlichen Rand von Grafiken, meistens in einer kleineren Schriftgröße.

**2** *Um welche Art von Diagramm handelt es sich? Kreuze die korrekte Bezeichnung an.*

☐ Liniendiagramm      ☐ Balkendiagramm

☐ Säulendiagramm      ☐ Kreisdiagramm

**3** *Kreuze an, in welcher Form die Zahlen im Diagramm angegeben werden.*

☐ in absoluten Zahlen       ☐ in Prozent

**4** *Notiere*

**a)** *die Quelle der Grafik.*

**b)** *das Jahr, in dem die Grafik erstellt wurde.*

*a)* _____

*b)* _____

**5** **a)** *Notiere, wer überwiegend an Unfällen mit Radfahrern in Ortschaften beteiligt war.*

_____

_____

**b)** *Notiere für diese Beteiligtengruppe den Wert aus der Grafik.*

_____

_____

**c)** *Notiere, wer an Unfällen mit Radfahrern innerorts prozentual am wenigsten beteiligt war.*

_____

_____

**6** *Die Grafik weist für Beteiligte an Radunfällen einen Wert von 16 % Alleinunfall aus. Erkläre, was unter <u>Alleinunfall</u> zu verstehen ist.*

_____

_____

> **Info**
>
> **Nichtkontinuierliche Texte lesen und auswerten**
>
> Um nichtkontinuierliche Texte in ihren unterschiedlichen Erscheinungsformen zu verstehen und auszuwerten, muss man folgende Fragen beantworten:
> - Woher stammen die Informationen (Herkunft und Quellenangabe)?
> - Wie aktuell sind die Informationen (Zeitpunkt der Datenerhebung)?
> - Welche Maßeinheiten und Intervalle sind bei Diagrammen auf der x-Achse und der y-Achse dargestellt?
> - Was soll mit den Angaben verdeutlicht werden?
> - Welche Gesamtaussage lässt sich ableiten?

**7** Notiere,

**a)** welche Diagrammart in der folgenden Grafik verwendet wird.

**b)** was in der Grafik dargestellt und verglichen wird.

a) _____

b) _____

## Sicherheit im Straßenverkehr
„Fühlen Sie sich im Straßenverkehr sicher, wenn Sie Rad fahren?"

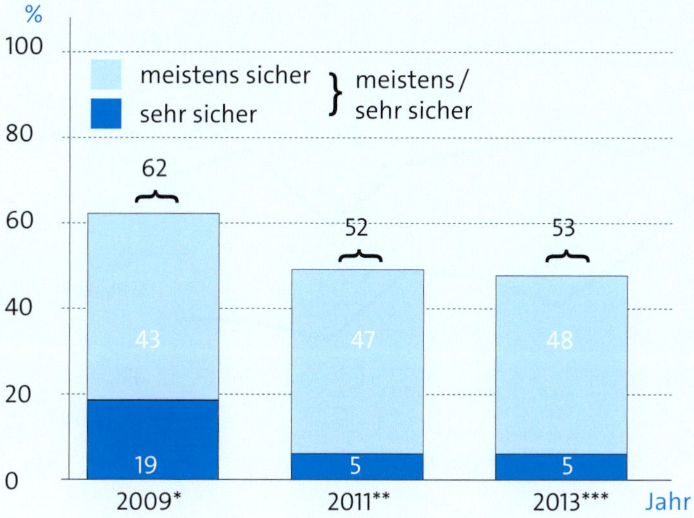

*N = 2.000 Personen, dt. Bevölkerung ab 14 Jahren

**N = 2.000 Personen, dt. Bevölkerung zwischen 14 und 69 Jahren

***N = 2.046 Personen, dt. Bevölkerung zwischen 14 und 69 Jahren

Angaben für 2013. Quelle: Sinus 2013

**8** Kreuze an, welche der folgenden Aussagen zur Grafik „Sicherheit im Straßenverkehr" richtig oder falsch sind.

| | richtig | falsch |
|---|---|---|
| a) Fast alle Radfahrer fühlen sich im Straßenverkehr relativ sicher. | ☐ | ☐ |
| b) Ein sehr gutes Sicherheitsgefühl im Straßenverkehr hat in der Tendenz stark abgenommen. | ☐ | ☐ |
| c) Im Jahr 2009 waren noch 62 Prozent aller Beteiligten am Straßenverkehr Radfahrer. | ☐ | ☐ |
| d) Laut der letzten Erhebung fühlte sich ungefähr die Hälfte aller Radfahrer im Straßenverkehr sicher. | ☐ | ☐ |
| e) Radfahrer im Alter bis zu 14 Jahren wurden nicht befragt. | ☐ | ☐ |

**9** *Betrachte das folgende Diagramm. Beantworte dann folgende Fragen.*

    **a)** *Was ist das Thema der Grafik?*

    **b)** *Für welchen Zeitraum gibt die Grafik Auskunft?*

    **c)** *Welche Diagrammart wird verwendet?*

*a)* _____

*b)* _____

*c)* _____

### Entwicklung der Unfallschwere bei Verkehrsunfällen mit Fahrrädern

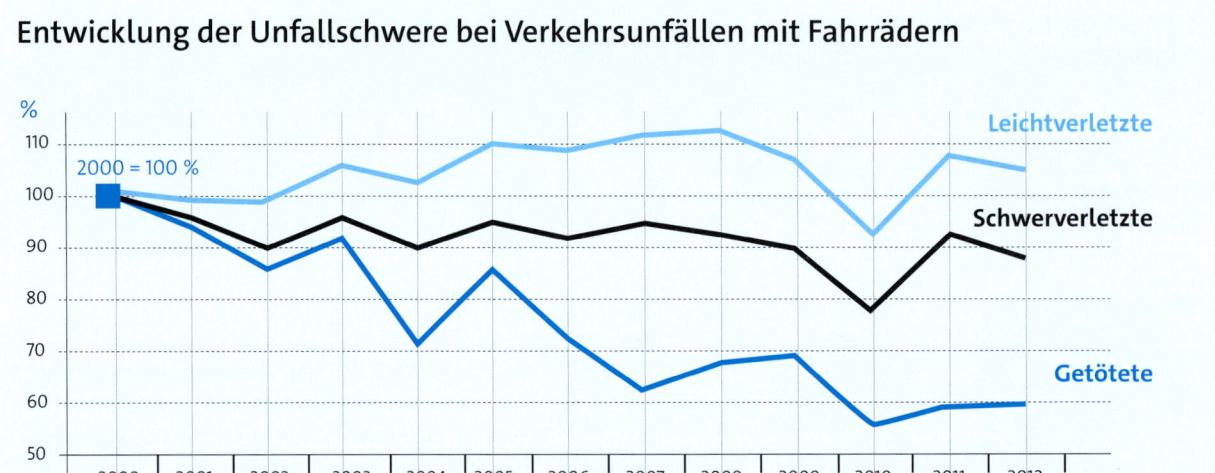

Angaben für 2012. Quelle: Destatis - Statistisches Bundesamt, 2013b

**10** *Notiere die in der Grafik angegebenen Maßeinheiten für die x-Achse und die y-Achse.*

| Achse | Maßeinheit |
|-------|------------|
| x-Achse | |
| y-Achse | |

**11** *Wie wird in der Grafik die Unfallschwere unterschieden?*

_____

_____

_____

_____

**12** *Beantworte die folgenden Fragen zur Grafik und notiere die Antworten in die rechte Spalte der Tabelle.*

| Fragen | Antworten |
|---|---|
| a) Welche ausgewiesene Unfallschwere überwiegt bei den Radunfällen? | |
| b) In welchem Jahr war die Schwere der Radunfälle für alle Verletzungsarten am geringsten? | |
| c) Welche Tendenz lässt sich seit 2000 für umgekommene Radfahrer bei Unfällen feststellen? | |

**13** *In der folgenden Grafik („Häufigkeit des Tragens eines Fahrradhelms") fällt auf, dass junge Radfahrer bis zum 13. Lebensjahr im Vergleich zu älteren Radfahrern beim Radfahren überwiegend einen Helm tragen.*

*Notiere,*

a) *wie viel Prozent der Kinder bis zum 10. Lebensjahr immer einen Helm tragen.*

b) *einen Grund aus deinem Alltagswissen, weshalb diese Altersgruppe beim Radfahren fast immer einen Helm trägt.*

c) *einen Grund aus deinem Alltagwissen, warum nur wenige Radfahrer ab dem 14. Lebensjahr einen Helm beim Radfahren tragen.*

a) _____

b) _____

c) _____

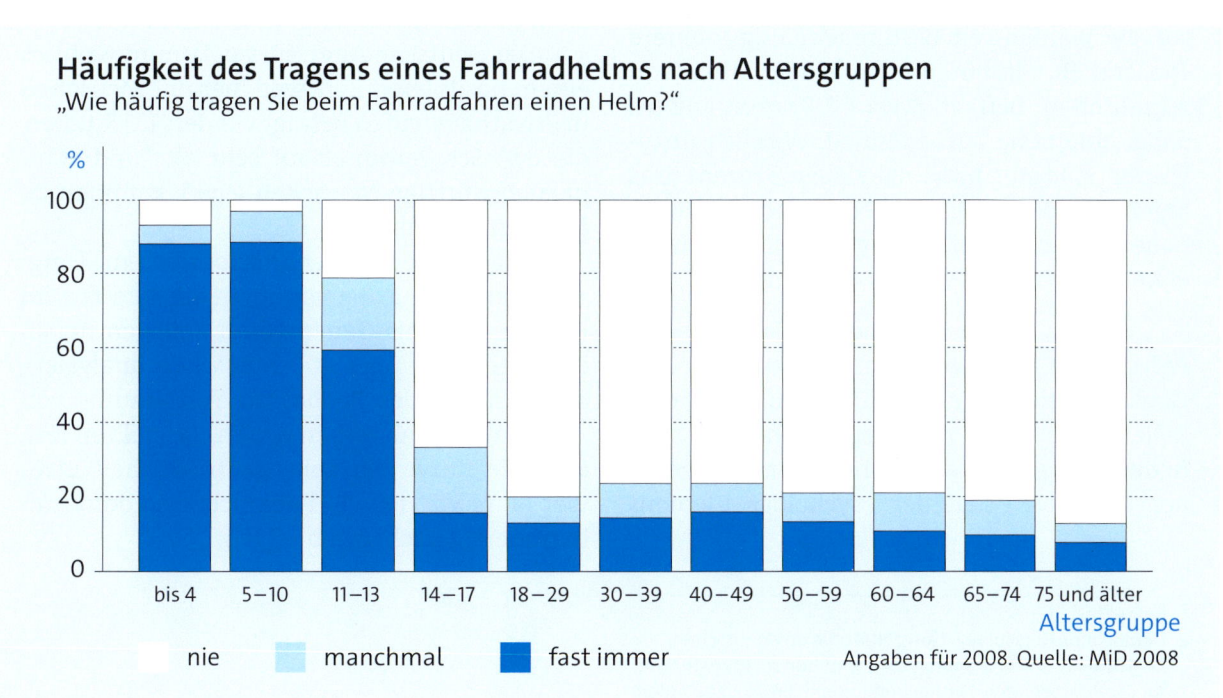

### Häufigkeit des Tragens eines Fahrradhelms nach Altersgruppen
„Wie häufig tragen Sie beim Fahrradfahren einen Helm?"

nie   manchmal   fast immer        Angaben für 2008. Quelle: MiD 2008

# Einen Sachtext und eine Grafik auswerten

**1** *Lies den folgenden Text (M1) und betrachte die Grafik (M2).*

## M 1 Das Glück der späten Jahre  *Berit Uhlmann*

**Müssen wir uns vor dem Alter fürchten? Keineswegs: Ein 75-Jähriger ist heute so zufrieden wie ein 45-Jähriger. Doch kurz vor dem Tod verlässt das Glück viele Menschen. Forscher**
5 **rätseln noch über die Gründe.**

Die Witwe hat etwas Wichtiges mitzuteilen: „Mit 90 Jahren hat sich mein Leben komplett verändert." Die Besucherin atmet tief ein, sie erwartet Klagen, die berechtigter kaum sein
10 könnten: die kranke Hüfte der alten Frau, die Schmerzen, die vielen Treppen. Doch dann leuchten die blauen Augen in den unzähligen Lachfalten auf: „Ein Mann ist in mein Leben getreten: ein grundanständiger Herr!" Auch wenn
15 das Leben längst nicht immer auf diese Weise überrascht – Glück ist im Alter verbreiteter, als die meisten jüngeren Menschen glauben. Aber warum eigentlich?

Psychologen stellen immer wieder fest,
20 dass allen Einbußen, Einschränkungen und Entsagungen zum Trotz die Lebenszufriedenheit auch im Alter hoch ist und mitunter sogar noch steigt. Erst kürzlich ergab eine umfangreiche Befragung von mehr als 1000 betagteren[1]
25 US-Amerikanern, dass sie erstaunlich wenig an ihrem Leben auszusetzen hatten. […]

Auch deutsche Rentner können ihrem Leben viel Positives abgewinnen. Im Deutschen Alterssurvey[2] werden seit 1996 regelmäßig mehrere
30 Tausend Bundesbürger von einem Alter von 40 Jahren an befragt. Etwa 60 Prozent äußern dabei eine hohe Zufriedenheit. Wirklich unzufrieden sind nur maximal sieben Prozent. Das Ergebnis bleibt über die Generationen hinweg
35 nahezu gleich: Ein 75-Jähriger fühlt sich heute etwa genauso wohl wie ein 40-Jähriger.

Wissenschaftler versuchen seit Jahren, dieses Paradox der Lebenszufriedenheit zu ergründen. Gewiss spielen gesellschaftliche Faktoren eine
40 Rolle: „Eine gute materielle Sicherung und Bildung sorgen für eine hohe Lebenszufriedenheit im Alter", sagt der Psychologe Clemens

Tesch-Römer, Leiter des Deutschen Zentrums für Altersfragen in Berlin, das den Alterssurvey erstellt. Auch das Lebensumfeld hat einen Einfluss: Wer Ärzte, pflegerische Hilfen und soziale Kontakte in seiner Nähe hat, altert zufriedener. […]
45

Längst nicht jeder Deutsche ist am Ende des Lebens rundum glücklich. So steigt die Rate der 50 Suizide dem Statistischen Bundesamt zufolge etwa ab dem Rentenalter drastisch an. […]

Der Deutsche Alterssurvey kommt wohl zu einem positiveren Bild, weil hier nur Menschen in Privathaushalten befragt werden. […] Studien, 55 die den Schwerpunkt auf sehr alte und stark pflegebedürftige Menschen legen, kommen zu anderen Ergebnissen.

So auch die Berliner Altersstudie, eine Langzeitbeobachtung, die vor allem die Ältesten im 60 Fokus hat. Denis Gerstorf und Kollegen haben die Daten von über 400 Menschen analysiert, die während des Beobachtungszeitraums von zwölf Jahren verstorben waren. Sie stellten fest, dass die Kurve der Lebenszufriedenheit etwa 65 vier Jahre vor dem Tod abknickt und dann unbarmherzig nach unten zeigt. […]

---

1 betagt: alt
2 Deutscher Alterssurvey: Langzeitstudie des Deutschen
  Zentrums für Altersfragen (DZA), vom Bundesministerium
  für Familie, Senioren, Frauen und Jugend (BMFSFJ) gefördert

Andreas Kruse, Direktor des Instituts für Gerontologie[3] der Universität Heidelberg, bedauert dies: „Das Thema ‚Alter' gehört eigentlich schon in die Schulen. [...]" Er hält es für möglich, das Älterwerden ein Stück weit zu lernen.

---

3 Gerontologie: Wissenschaft vom Altern des Menschen

[...] Und so bleiben auch die Kräfte, die alte Menschen zumindest über einen langen Zeitraum haben, oft ungenutzt. „Alter heißt nicht nur versorgt zu werden. Alte Menschen können sehr oft auch hervorragend für andere sorgen: durch Erfahrungen und Wissen, durch seelische Stärke und Gelassenheit", sagt Kruse. Leider werde dies viel zu häufig übersehen. *

## M 2 Demografischer Wandel

*Pflegebedürftige in Millionen*

2010 ▮ 2,3

2030 ▮ 3,3

2050 ▮ 4,4

*Erwerbsbevölkerung im Alter von 27 bis 67 Jahren*

2010 52,1

2030 47,1

2050 39,9

Quelle: Statista

**2** *Lies nun den Text (M1) noch einmal gründlich und markiere wichtige Informationen.*

**3** *Beschreibe in einem Satz, um welches Thema es in dem Text geht.*

**4** *Unterteile den Text in Sinnabschnitte.*

**5** *Der Text beschreibt, von welchen Bedingungen eine hohe Lebenszufriedenheit im Alter abhängt. Schreibe zwei Bedingungen auf, die im Text genannt werden.*

**6** *Schreibe die Satzanfänge ab und vervollständige die nachfolgenden Aussagen zum Text.*

Glück kommt im Alter öfter vor, als _____ _____

Heute fühlen sich in Deutschland 75-Jährige mindestens genauso wohl wie _____

_____

_____

Zum Lebensumfeld zufriedener alter Menschen gehören _____

_____

_____

_____

**7** *Beschreibe, welchen Zusammenhang der Text zwischen Lebenszufriedenheit und Pflegebedürftigkeit alter Menschen aufzeigt.*

_____

_____

_____

**8** a) *Betrachte nun die Grafik (M2) genau.*
   b) *Notiere in Sätzen, wie sich die Zahl pflegebedürftiger Menschen zukünftig entwickeln wird.*

_____

_____

_____

_____

**9** *Wird der demografische Wandel Einfluss auf die Lebenszufriedenheit älterer Menschen in Deutschland haben? Schreibe deine Meinung auf und begründe sie.*

_____

_____

_____

_____

_____

# Einen literarischen Text verstehen

> **Info**
>
> **Epik**
>
> Die Epik ist ein Sammelbegriff für verschiedene Formen erzählender Texte, z.B. Märchen, Fabeln, Novellen, Kurzgeschichten oder Romane. Sie alle haben ein gemeinsames Merkmal: eine erfundene (fiktionale) Handlung, die von einem fiktiven Erzähler / einer fiktiven Erzählerin präsentiert wird. Die Erzählerin bzw. der Erzähler darf nicht mit der Autorin bzw. dem Autor verwechselt und gleichgesetzt werden.

## Kurze epische Texte – Übungstext 1

**1** *Lies die folgende kurze Erzählung aufmerksam durch.*

**Sommerschnee**   *Tanja Zimmermann*

Mir ist alles so egal, ich fühle mich gut. Der Regen macht mir nichts aus, meine Stiefel sind durchweicht, die Bahn kommt nicht. Neben mir hält ein Mercedes: „Engelchen, ich fahre dich nach Hause."

5 Ich hab keine Angst, setze mich einfach neben eine alte Frau, fühle mich sicher, mir kann nichts passieren! In der Bahn stehe ich eingequetscht zwischen nass stinkenden Persianermänteln[1] und grauen Anzugmännern. Die Bahn
10 bremst, eine dicke Frau fällt gegen mich, drückt mich an die Fensterscheibe. Die Leute fluchen, beschimpfen den Fahrer. Ich lache.

Beim Aussteigen drängt jeder den anderen, ich lasse mich treiben, bin glücklich, denke nur
15 an dich!

An der Ampel merke ich, dass ich zu laut singe. Eine Mutter mit Kinderwagen lacht mich an, eine aufgetakelte Blondine mustert mich
20 von oben bis unten. Ich weiß, ich bin klitschnass, meine weiße Hose ist nach fünf Tagen eher dunkelgrau, doch ich weiß, dass sie dir gefällt. Meine Haare hängen nass und strähnig auf meiner Schulter. Du hast gesagt, du hast dich
25 schon am ersten Tag in mich verliebt, und da hatte ich auch nasse Haare.

Ich laufe schnell über die Straße, leiste mir eine Packung Filterzigaretten, kaufe welche, die mir zu leicht sind, die du am liebsten magst.

30 Ein grelles Quietschen. Ein wütender Autofahrer brüllt, ob ich Tomaten auf den Augen hät-

te. Ich lache und beruhige ihn mit einem „Kommt nicht noch mal vor". An einem Schaufenster bleibe ich trotzdem stehen, zupfe an meinen Haaren herum, ziehe die Hose über 35 meine Stiefel, will dir ja gefallen. Ich will dir ja sogar sehr gefallen!

Auf der Apothekenuhr ist es fünf. Ich laufe quer über die nasse Wiese. Schliddere mehr, als dass ich laufe. Aber ich will dich nicht warten 40 lassen, ich kann das auch nicht. Ich werde dann von Minute zu Minute nervöser, also laufe ich. Bevor ich schelle, atme ich erst ein paarmal tief durch, dann klingel ich, fünfmal hast du gesagt. Und meine Freude, dich zu sehen, ist endgültig 45 Sieger über meine Angst.

Erst dann bemerke ich den kleinen zusammengefalteten Zettel an der Wand. Ja, es tut dir leid, wirklich leid, dass du Vera wiedergetroffen hast! Ich soll es mir gutgehen lassen. Richtig 50 gutgehen lassen soll ich es mir! Die brennende Zigarette hinterlässt Wunden auf meiner Hand. Das Rattern der vorbeifahrenden Laster, das Kindergeschrei, Hundegebell und das laut aufgedrehte Radio von gegenüber verschwimmen zu einem 55 nervtötenden, Angst einjagenden Einheitsgeräusch, meine Augen nehmen nur noch die gröbsten Umrisse wahr. Wie eine alte Frau gehe ich den endlos langen Weg zur Haltestelle, meine Füße sind nass und kalt in den durchweichten Stiefeln. 60 Ein glatzköpfiger Mann pfeift hinter mir her, bietet mir sein Zimmer und sich an.

Verschüchtert stehe ich in der Ecke neben dem Fahrplan, mein Gesicht spiegelt sich in der Scheibe. Wann kommt endlich diese elende 65 Straßenbahn?

---

1 Persianermantel: Mantel aus einer bestimmten Art von Schaffell

**2** *Notiere in einem Satz, worum es in der Erzählung geht.*

_____

_____

**3** *Markiere unbekannte Wörter im Text und schlage ihre Bedeutung im Wörterbuch nach.*

**4** *Kreuze die richtige Aussage an. Es gibt jeweils nur eine richtige Lösung.*

a) „jemanden mustern" (vgl. Z. 19 f.) bedeutet hier, jemanden

- ☐ genau ausmessen
- ☐ leise beschimpfen
- ☐ eingehend prüfend anschauen
- ☐ insgeheim auslachen

b) „schellen" (vgl. Z. 43) bedeutet hier

- ☐ sich trauen
- ☐ auf zwei Fingern pfeifen
- ☐ reagieren
- ☐ klingeln

c) „verschwimmen" (Z. 55) bedeutet hier

- ☐ sich vermischen
- ☐ leiser werden
- ☐ im Regenwasser zerrinnen
- ☐ stakkatohaft tönen

d) „schliddern" (vgl. Z. 39) bedeutet hier

- ☐ schwimmen
- ☐ rutschen, gleiten
- ☐ humpeln, hinken
- ☐ schweben

**5** *Ergänze den Handlungsverlauf und die Gefühle der Hauptfigur in der Tabelle. Notiere links die einzelnen Handlungsschritte der Hauptfigur stichpunktartig. Ergänze rechts Aussagen dazu, wie sich die Figur fühlt.*

| Handlungsschritte | Gefühle der Hauptfigur |
|---|---|
| *Hauptfigur wartet auf die Bahn* | *unbeschwert, glücklich* |
| | |
| | |
| | |
| | |

| | |
|---|---|
| | |
| | |

**6** *Beschreibe anschließend mithilfe deiner Lösung zu Aufgabe 5, worin in dieser Erzählung die überraschende Wendung besteht. Notiere die Textstelle.*

_____

_____

_____

**7** *Wie verhalten sich die beiden Hauptfiguren?*

**a)** *Entscheide, welche Aussagen zutreffen und welche nicht. Kreuze an.*

| | trifft zu | trifft nicht zu |
|---|---|---|
| a) Die junge Frau freut sich auf den Besuch bei dem jungen Mann, in den sie verliebt ist. | ☐ | ☐ |
| b) Die junge Frau ist schlecht gelaunt, weil die Leute fluchen, schimpfen und sie von Männern belästigt wird. | ☐ | ☐ |
| c) Der junge Mann hat sich schon am ersten Tag in die junge Frau verliebt. | ☐ | ☐ |
| d) Der junge Mann hat in einer Handynachricht geschrieben, dass er die Beziehung beenden möchte. | ☐ | ☐ |

**b)** *Berichtige die falschen Aussagen.*

_____

_____

_____

_____

**8** *Die Autorin / Der Autor ist nicht mit der Erzählerin / dem Erzähler gleichzusetzen.*

**a)** *Notiere drei Textstellen, die auf die Erzählperspektive hinweisen.*

_____

_____

_____

_____

**b)** *Aus welcher Perspektive wird erzählt?*

_____

**9** *Prüfe, ob der Text von Tanja Zimmermann die in der Tabelle genannten Merkmale einer Kurzgeschichte aufweist. Kreuze in der zweiten Spalte der Tabelle an, was zutrifft, und fülle die dritte Spalte aus.*

| Merkmale | trifft zu | Belege/Textbeispiele |
|---|---|---|
| a) Kürze des Textes | ☐ | |
| b) unvermittelter Beginn | ☐ | |
| c) kurzer Zeitraum | ☐ | |
| d) offenes Ende | ☐ | |

| | | |
|---|---|---|
| e) alltägliche Sprache | ☐ | |
| f) ein Geschehen | ☐ | |

**10** **a)** *Bilde für die Begriffe „Sommer" und „Schnee" ein Wortfeld. Nenne jeweils mindestens fünf Begriffe.*

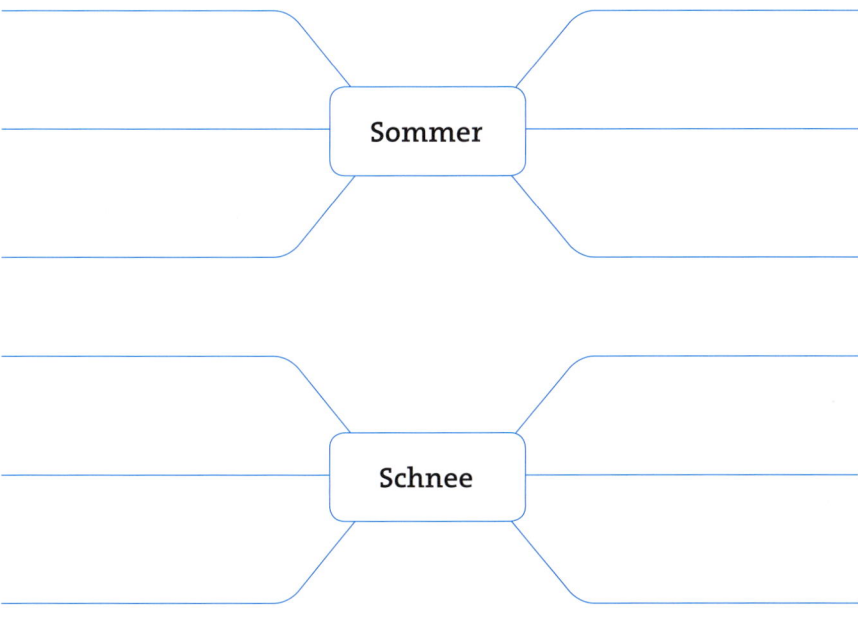

**b)** *Erläutere, inwiefern der Titel „Sommerschnee" zu der Kurzgeschichte passt. Berücksichtige deine Ergebnisse aus Aufgabe a).*

## Kurze epische Texte – Übungstext 2

**1** *Lies die folgende kurze Erzählung aufmerksam durch.*

**Die Leserin**   *Martin Auer*

Es war einmal eine junge Frau, die nichts lieber tat als lesen. Jeden Morgen, wenn sie zur Arbeit fuhr, kaufte sie sich am Bahnhof eines dieser bunten Romanheftchen. In der U-Bahn
5 hatte sie fünfzehn Minuten Zeit zum Lesen, dann bis zu fünf Minuten, während sie auf den Bus wartete, und dann noch einmal sechs Minuten im Bus. So konnte sie genug von dem Roman lesen, um den Rest des Vormittags darüber
10 nachzudenken und die Handlung weiterzuträumen. Sie hatte schon versucht, die Romane mit an die Supermarktkasse zu nehmen (sie arbeitete als Kassiererin in Johnsons Traumpreis-Center) und ein bisschen zu lesen, wenn keine Kun-
15 den kamen, aber das hatte ihr der Filialleiter verboten. Wenn keine Kunden an der Kasse waren, mussten die Kassiererinnen mithelfen, Waren in die Regale zu ordnen und mit Preiszetteln zu bekleben.

20 In ihrer Mittagspause kam sie dann ungefähr bis zur Mitte des Romans, und beim Nachhausefahren las sie noch ein Stückchen. Dann machte sie sich das Abendessen, deckte den Tisch mit Messer, Gabel, Teller und Roman und
25 las während des Essens. Nach dem Abwasch kuschelte sie sich ins Bett und las den Roman zu Ende.

Ihre Lieblingsserie waren die „Südsee-Romane". Leider erschienen die nur einmal in der
30 Woche, und so musste sie natürlich auch „Romane mit Herz", „Romane des Schicksals" und „Love-Stories: Leidenschaft, die man fühlen kann" nehmen. Aber auf den Donnerstag freute sie sich mehr als auf den Sonntag; denn am Donnerstag erschien der neue „Südsee-Roman". 35 Natürlich las sie den gleich, aber am Sonntag las sie ihn noch einmal.

Und so las und träumte sie von der Südsee: Von Segeljachten und sonnengebräunten, sehnigen Surfern, von geheimnisvollen Chinesen, 40 die dunkle Geschäfte mit hawaiischen Perlenfischerinnen machten, von Falschspielern in den Spielcasinos von Honolulu, von der wunderschönen Tochter eines amerikanischen Matrosen und einer hawaiischen Prinzessin, die in 45 Nachtklubs auftrat, und sie vergaß ihre langweilige Arbeit im Supermarkt. Und ihre Mutter, die ständig an ihr herumnörgelte, weil sie immer noch nicht verheiratet war. Und ihre Arbeitskolleginnen, die sich immer ein bisschen 50 über sie lustig machten, und überhaupt alles andere.

Jede Woche aber spielte sie zweimal Lotto. Mit der heimlichen Hoffnung, einmal so viel Geld zu gewinnen, dass sie damit in die Südsee 55 fahren konnte. Und tatsächlich, das Unglaubliche geschah. Eines Tages gewann sie. Sie nahm Urlaub, buchte einen Flug und packte ihre Koffer voll mit bunten Heftchen. Und dann lag sie drei Wochen lang am Strand von Honolulu vor 60 ihrem Hotelhochhaus und las Südsee-Romane.

**2** *Kreuze die richtige Aussage an. Es gibt jeweils nur eine richtige Lösung.*

a) Die Hauptfigur in der Erzählung ist

☐ eine etwa 50-jährige Frau.
☐ eine junge Frau.
☐ die Mutter einer jungen Frau.

b) Von Beruf ist sie

☐ Probeleserin für einen Verlag.
☐ Filialleiterin in Johnsons Traumpreis-Center.
☐ Kassiererin in einem Supermarkt.

c) Sie liest gern

☐ dicke Romane.
☐ Romanhefte.
☐ Prominentengeschichten in bunten Illustrierten.

d) Die Hauptfigur kauft ihren Lesestoff

☐ am Bahnhof.
☐ im Supermarkt.
☐ in einer Buchhandlung.

e) Ihre Lieblingslektüre sind

☐ Kriminalgeschichten.
☐ Liebesromane.
☐ Südsee-Romane.

f) So reagieren ihre Arbeitskolleginnen auf ihr Hobby:

☐ Sie bewundern sie.
☐ Sie verstehen ihr Hobby nicht und nörgeln an ihr rum.
☐ Sie verspotten sie.

**3** *Kreuze die richtige Aussage an. Es gibt nur eine richtige Lösung.*

„dunkel" (vgl. Z. 41) bedeutet hier, die Geschäfte sind

☐ nicht legal.
☐ bei Nacht getätigt.

☐ auf gut Glück abgeschlossen.
☐ bargeldlos.

**4** *Die Leserin träumt die Handlung weiter (Z. 10). Was bedeutet das hier?*

_____

_____

**5** *Im Text ist von ihrer Lieblingsserie die Rede. Vervollständige die Satzanfänge.*

Am liebsten liest sie _____

Diese Romanheftchen erscheinen _____

Sie handeln von _____

_____

**6** *Im Text erfährst du etwas über ein weiteres Hobby der Hauptfigur.*
   **a)** *Nenne das Hobby.*

   _____

   **b)** *Begründe, warum sie dieses Hobby hat.*

   _____

   _____

**7** *Bewerte das Verhalten der Hauptfigur, nachdem sie im Lotto gewonnen hat.*

_____

_____

_____

## Lyrische Texte – Übungstext 1

**Lyrik**

Lyrische Texte – **Gedichte** – sind zumeist kürzere literarische Texte. Wenn sie nach traditioneller Weise gebaut sind, bestehen sie aus einzelnen **Versen**, die zu einer oder mehreren Strophen zusammengefasst sind. Zur Verbindung einzelner Verse wird oft ein **Reim** verwendet, der meist am Ende auftaucht (Endreim). Weitere **Reimschemata** sind Paarreim (aabb), Kreuzreim (abab) und umarmender Reim (abba).

**1** *Lies das Gedicht aufmerksam durch.*

**Individualität** *Virginie Abelaar*

Du tanzt zur Musik, die andere spielen
Du verlebst deine Zeit nach Stunden
Du liebst den Genuss
Deine Träume enden am Morgen

5 Du lässt die Dinge, wie sie sind
Du bist niemals zu laut
Du liebst den Vorteil
Dein Weg kennt keine Kurven

Du hast viele Schlösser an der Tür
10 Du handelst Verträge aus
Du liebst den Erfolg
Dein Spiegelbild reflektiert dich nicht

Du begibst dich niemals in Gefahr
Du wirfst keinen Schatten
15 Du liebst dich
Deine Welt ist rund, einfach perfekt

Du hast es geschafft
Du wurdest geformt
Gratulation!

**2** *Welche der folgenden Beschreibungen trifft am ehesten auf den Text zu? Kreuze an.*

a) ☐ ruhig, emotional, ziellos

b) ☐ sachlich, fragend, lobend

c) ☐ bildhaft, anklagend, zielgerichtet

**3** *Wie erreicht die Autorin, dass sich die Leserin / der Leser dem Gesagten nicht entziehen kann? Vervollständige den Satzanfang.*

*Die Autorin verwendet*

Jedes Gedicht vermittelt eine gewisse Grundstimmung, so wie auch jedes Musikstück. Hinzu kommt der Inhalt. Den musst du verstanden haben, um diese Aufgabe lösen zu können. Die Frage kannst du auch zurückstellen und dann beantworten, wenn du dich sicherer fühlst.

**4** *Welche Eigenschaften und Beschreibungen ordnet die Autorin dem „geformten" Menschen im Hinblick auf die Aspekte „Träume, Freizeit bzw. Freunde und Arbeit" zu?*
  **a)** *Notiere dir zuerst alle Hinweise und „Signale" aus dem Text.*

*Träume:*

*Freizeit, Freunde:*

*Arbeit:*

  **b)** *Erstelle nun eine Charakteristik zum „geformten" Menschen in Form einer Mind-Map.*

Der „geformte" Mensch

**5** **a)** *Die letzte Strophe beinhaltet eine Gratulation. Welche Aussage steckt dahinter?*
*Kreuze an.*

a) ☐ Ich möchte auch so werden wie du.

b) ☐ Du bist zu bedauern.

c) ☐ Sei vorsichtig.

**b)** *Begründe deine Entscheidung.*

_____

_____

_____

> **Tipp**
> Begründe immer in vollständigen Sätzen, also nicht mit Halbsätzen, die mit *weil* beginnen.

**6** *Welche Darstellungsweise tritt besonders in der letzten Strophe deutlich hervor?*
*Kreuze an.*

a) ☐ Ironie

b) ☐ Humor

c) ☐ Sarkasmus

**7** *Die Verse „Dein Spiegelbild reflektiert dich nicht" und „Du wirfst keinen Schatten" sind ähnlich.*
*Formuliere zwei Thesen über das, was hinter diesen Bildern steckt.*

1. These:

_____

2. These:

_____

**8** *Welche Gründe siehst du für die Formbarkeit eines Menschen?*
*Zähle drei auf.*

_____

_____

_____

_____

> **Tipp**
> Die Antwort zu dieser Frage findest du nicht im Text. Jetzt musst du einen Zusammenhang herstellen zu unserer realen Welt und ihren Bedingungen, die Menschen formbar machen.

**9** *Welche Denk- und Verhaltensweisen zeichnen nach Meinung des Sprechers / der Sprecherin den ungeformten Menschen aus? Sortiere deine Gedanken strophenweise in Stichpunkten.*

| Strophe 1: | Strophe 2: |
| --- | --- |
| | |
| | |
| | |
| | |
| | |
| | |

| Strophe 3: | Strophe 4: |
| --- | --- |
| | |
| | |
| | |
| | |
| | |
| | |

**10** *Ist der ungeformte Mensch, wie ihn Virginie Abelaar umschreibt, ein perfekter Mensch? Äußere kurz deinen Standpunkt.*

**11** Achte besonders auf die Verben im Gedicht. Eines kehrt in den ersten drei Strophen immer wieder. Welches ist es? Stelle eine Vermutung an, weshalb es in der letzten Strophe fehlt.

_____

_____

**12** Welchen Beigeschmack bekommt diese Gratulation für den „geformten" Menschen? Formuliere deine Meinung in einem vollständigen Satz.

_____

_____

_____

**13** Setze den Titel des Gedichts in Bezug zu seinem Inhalt. Bewerte, ob und auf welche Weise dieser Titel dem Gedicht gerecht wird.

_____

_____

_____

_____

_____

_____

**14** Die Person, die scheinbar zu jemandem spricht, gibt sich nicht zu erkennen. Welche Gesprächspartner kannst du dir vorstellen? Stelle mögliche Personen gegenüber und notiere kurz den Anlass.

_Sprecher/-in:_ _____

_Zuhörer/-in:_ _____

_Anlass:_ _____

# Lyrische Texte – Übungstext 2

**1** *Lies das folgende Gedicht.*

## Sachliche Romanze (1928)    *Erich Kästner*

Als sie einander acht Jahre kannten
(und man darf sagen: sie kannten sich gut),
kam ihre Liebe plötzlich abhanden.
Wie andern Leuten ein Stock oder Hut.

5 Sie waren traurig, betrugen sich heiter,
versuchten Küsse, als ob nichts sei,
und sahen sich an und wussten nicht weiter.
Da weinte sie schließlich. Und er stand dabei.

Vom Fenster aus konnte man Schiffen winken.
10 Er sagte, es wäre schon Viertel nach vier
und Zeit, irgendwo Kaffee zu trinken.
Nebenan übte ein Mensch Klavier.

Sie gingen ins kleinste Café am Ort
und rührten in ihren Tassen.
15 Am Abend saßen sie immer noch dort.
Sie saßen allein und sie sprachen kein Wort
und konnten es einfach nicht fassen.

**2** *Lies vor der Beantwortung der folgenden Fragen noch einmal das gesamte Gedicht. Markiere mit unterschiedlichen Farben, was dir für das Verständnis der beiden handelnden Personen von Bedeutung erscheint. Schreibe Stichworte an den Rand des Gedichts.*

> **Tipp**
>
> Zum Lesen und Markieren eines Textes siehe auch die vordere innere Umschlagseite.

**3** *Kreuze an, ob die folgenden Aussagen richtig oder falsch sind:*

**Die Figuren ...**

| | richtig | falsch |
|---|---|---|
| a) ... sind frisch verliebt. | ☐ | ☐ |
| b) ... gehen an diesem Abend tanzen. | ☐ | ☐ |
| c) ... haben sich nicht viel zu sagen. | ☐ | ☐ |
| d) ... halten sich für glücklich. | ☐ | ☐ |
| e) ... sind schon länger zusammen. | ☐ | ☐ |
| f) ... treffen sich eher zufällig. | ☐ | ☐ |
| g) ... verbringen einen schönen Nach-mittag/Abend miteinander. | ☐ | ☐ |

Pablo Picasso: Zwei Gaukler
(Les deux saltimbanques), 1901

**4** *Das Verhalten der Figuren stimmt teilweise nicht mit ihren Gefühlen überein. Warum? Kreuze den Grund / die Gründe an.*

a) ☐ Sie versuchen, ihre wahren Gefühle zu überspielen.

b) ☐ Sie trauen ihren eigenen Gefühlen nicht recht.

c) ☐ Sie sind mit ihren Gedanken ganz woanders.

d) ☐ Sie haben Angst vor der Reaktion des anderen.

**5** *Die Figuren haben im Gedicht keine Namen. Was könnte der Grund/könnten die Gründe sein? Kreuze den Grund / die Gründe an.*

**Die Figuren haben keine Namen, weil ...**

a) ☐ ... wir die Figuren nicht kennen.

b) ☐ ... sie stellvertretend für viele Paare stehen, die nicht mehr viel miteinander anfangen können.

c) ☐ ... der Autor unerkannt bleiben möchte.

d) ☐ ... das Unpersönliche zur „sachlichen" Romanze passt.

**6** „Er sagte, es wäre schon Viertel nach vier und Zeit, irgendwo Kaffee zu trinken." (V. 10–11)

a) *Warum sagt der Mann diesen Satz zu seiner Partnerin? Kreuze an, welchen Grund / welche Gründe du für richtig hältst.*

**Er sagt es, weil ...**

a) ☐ ... er noch eine andere Verabredung hat.

b) ☐ ... er glaubt, in einem Café könne man sich besser miteinander unterhalten.

c) ☐ ... ihm das Klavierspiel aus der Nachbarschaft auf die Nerven geht.

d) ☐ ... er weiß, dass sie gern ein Stück Kuchen essen würde.

e) ☐ ... er einer alten Gewohnheit folgt.

b) *Begründe deine Auswahl in einem Satz.*

_____

_____

**7** a) *Welche Aussagen über das Thema des Gedichts „Sachliche Romanze" treffen zu? Kreuze an.*

a) ☐ Das Gedicht handelt von der Vergänglichkeit der Liebe.

b) ☐ Eine Liebe geht nach acht Jahren zu Ende.

c) ☐ Männer und Frauen empfinden verschieden.

d) ☐ In einer Beziehung sollte man dieselben Interessen haben.

b) *Begründe deine Entscheidung kurz.*

_____

_____

_____

**8** *Obwohl sich die beiden Menschen anscheinend nicht mehr lieben wie in früheren Zeiten, geben sie sich durchaus Mühe miteinander. Notiere Textstellen, die das belegen.*

**9** **a)** *Warum gehen sie ausgerechnet ins „kleinste Café am Ort" (V. 13)? Kreuze die richtige Antwort an.*

a) ☐ Dort ist es am persönlichsten.

c) ☐ Sie können dort Freunde treffen.

b) ☐ Der Kaffee schmeckt dort am besten.

d) ☐ Dort sind sie ungestört.

**b)** *Begründe deine Auswahl kurz.*

**10** *„Da weinte sie schließlich. Und er stand dabei." (V. 8) Erkläre das Verhalten des Mannes und beurteile es mit einer kurzen Begründung.*

**11** *Die „Romanze" definiert eine bekannte Partnervermittlung wie folgt:*

Endlich ist der Frühling da! Wer wünscht sich da nicht, einmal wieder eine Romanze zu erleben? Der eine versteht unter einer Romanze den kurzen, flüchtigen Flirt. Für die andere ist es eine Liebelei, ein Liebesabenteuer oder gar eine heimliche Affäre. Oder wünscht man sich mit der Romanze doch eher das Liebeserlebnis, das ein ganzes Leben lang halten wird? Egal, was dahinter steckt: Die Romanze beflügelt auf jeden Fall unsere Fantasie!

**a)** *Passt diese Definition zum Gedicht von Erich Kästner? Begründe deine Meinung.*

_____

_____

_____

_____

_____

**b)** *Warum hat Kästner seinem Gedicht wohl den Titel „Sachliche Romanze" gegeben? Erläutere anhand von Textstellen.*

_____

_____

_____

_____

_____

_____

**12** *Wie könnte die Geschichte der beiden weitergehen? Was würdest du ihnen raten? Begründe deinen Rat.*

_____

_____

_____

_____

_____

_____

# Dramatische Texte – Übungstext

**Dramatik**

Das Drama ist neben der Epik und der Lyrik eine der drei Großformen der Dichtung. Ein Dramentext besteht aus Dialogen, Monologen und Regieanweisungen. Kernstück einer dramatischen Handlung ist der Konflikt, den die Figuren im Verlauf des Geschehens lösen.

**1** *Lies die Szene gründlich. Gehe dabei so vor, wie auf der inneren Umschlagseite des Heftes beschrieben. Beachte auch die Regieanweisungen.*

**Die folgende Zusammenfassung hilft dir, die Szene besser zu verstehen:**
Schauplatz der Handlung ist Georgien. Während einer Revolte wird der Gouverneur hingerichtet. Seine Frau, Natella Abaschwili, flüchtet mit ihren kostbaren Kleidern, lässt ihren Sohn Michel jedoch zurück. Die Magd Grusche rettet das Kind und zieht es unter großen Schwierigkeiten auf. Nach den Unruhen fordert die Gouverneurswitwe ihren Sohn zurück. So kommt es zur Gerichtsverhandlung.

## Der kaukasische Kreidekreis    *Bertolt Brecht (1898–1956)*

DIE ANWÄLTE *nähern sich dem Azdak, der erwartungsvoll aufsteht:* Ein ganz lächerlicher Fall, Euer Gnaden. – Die Gegenpartei hat das Kind entführt und weigert sich, es herauszugeben.

5 AZDAK *hält ihnen die offene Hand hin, nach Grusche blickend:* Eine sehr anziehende Person. *Er bekommt mehr.* Ich eröffne die Verhandlung und bitt mir strikte Wahrhaftigkeit aus. *Zu Grusche:* Besonders von dir. [...]

10 DER ERSTE ANWALT *verbeugt sich:* Danke, Euer Gnaden. Hoher Gerichtshof! Die Bande des Blutes sind die stärksten aller Bande. Mutter und Kind, gibt es ein innigeres Verhältnis? Kann man einer Mutter ihr Kind entreißen? [...]

15 AZDAK *unterbricht, zu Grusche:* Was kannst du dazu und zu allem, was der Herr Anwalt noch zu sagen hat, erwidern?

GRUSCHE: Es ist meins.

AZDAK: Ist das alles? Ich hoff, du kannst's bewei-

20 sen. Jedenfalls rat ich dir, daß du mir sagst, warum du glaubst, ich soll dir das Kind zusprechen.

GRUSCHE: Ich hab's aufgezogen nach bestem Wissen und Gewissen, ihm immer was zum Essen gefunden. Es hat meistens ein Dach überm

25 Kopf gehabt, und ich hab allerlei Ungemach auf mich genommen seinetwegen, mir auch Ausgaben gemacht. Ich hab nicht auf meine Bequemlichkeit geschaut. Das Kind hab ich angehalten zur Freundlichkeit gegen jedermann

30 und von Anfang an zur Arbeit, so gut es gekonnt hat, es ist noch klein.

DER ERSTE ANWALT: Euer Gnaden, es ist bezeichnend, daß die Person selber keinerlei Blutsbande zwischen sich und dem Kind geltend macht.

35 AZDAK: Der Gerichtshof nimmt's zur Kenntnis.

DER ERSTE ANWALT: Danke, Euer Gnaden. Gestatten Sie, daß eine tiefgebeugte Mutter, die schon ihren Gatten verlor und nun auch noch fürchten muß, ihr Kind zu verlieren, einige

40 Worte an Sie richtet. Gnädige Natella Abaschwili …

DIE GOUVERNEURSFRAU *leise:* Mein Herr, ein höchst grausames Schicksal zwingt mich, von Ihnen mein geliebtes Kind zurückzuerbitten. Es ist nicht an mir, die Seelenqualen einer beraub-

45 ten Mutter zu schildern, die Ängste, die schlaflosen Nächte, die …

DER ZWEITE ANWALT *ausbrechend:* Es ist unerhört, wie man diese Frau behandelt. Man verwehrt ihr den Eintritt in den Palast ihres Man-

50 nes, man sperrt ihr die Einkünfte aus den Gütern, man sagt ihr kaltblütig, sie seien an den Erben gebunden, sie kann nichts unternehmen ohne das Kind, sie kann ihre Anwälte nicht bezahlen! [...]

DER ERSTE ANWALT *zum Azdak:* Selbstverständ-

55 lich ist es richtig, daß der Ausgang des Prozesses auch darüber entscheidet, ob unsere hohe Klientin[1] die Verfügung über die sehr großen Abaschwili-Güter erhält, aber ich sage mit Absicht „auch", das heißt, im Vordergrund steht die

---

1  Klientin: Auftraggeberin der Rechtsanwälte

60 menschliche Tragödie einer Mutter [...]. Selbst wenn Michel Abaschwili nicht der Erbe der Güter wäre, wäre er immer noch das heißgeliebte Kind meiner Klientin!

AZDAK: Halt! Den Gerichtshof berührt die 65 Erwähnung der Güter als ein Beweis der Menschlichkeit.

DER ZWEITE ANWALT: Danke, Euer Gnaden. Gestatten Sie mir, dem Gerichtshof die nackten Tatsachen zu unterbreiten. Das Kind, Michel 70 Abaschwili, wurde durch eine unglückselige Verkettung von Umständen bei der Flucht der Mutter zurückgelassen. Die Grusche, Küchenmädchen im Palast, war an diesem Ostersonntag anwesend und wurde beobachtet, wie sie 75 sich mit dem Kind zu schaffen machte ...

DIE KÖCHIN: Die Frau hat nur daran gedacht, was für Kleider sie mitnimmt!

DER ZWEITE ANWALT *unbewegt:* Nahezu ein Jahr später tauchte die Grusche in einem Gebirgsdorf 80 auf mit einem Kind [...].

AZDAK: Wie bist du in das Gebirgsdorf gekommen?

GRUSCHE: Zu Fuß, Euer Gnaden, und es war meins. [...] Ich geb's nicht mehr her. Ich hab's auf 85 gezogen, und es kennt mich.

*Schauwa führt das Kind herein.*

DIE GOUVERNEURSFRAU: In Lumpen geht es!

GRUSCHE: Das ist nicht wahr. Man hat mir nicht die Zeit gegeben, daß ich ihm sein gutes Hemd 90 anzieh.

DIE GOUVERNEURSFRAU: In einem Schweinekoben war es!

GRUSCHE *aufgebracht:* Ich bin kein Schwein, aber da gibt's andere. Wo hast du dein Kind gelassen?

95 DIE GOUVERNEURSFRAU: Ich werd's dir geben, du vulgäre[2] Person. *Sie will sich auf Grusche stürzen, wird aber von den Anwälten zurückgehalten.* [...]

AZDAK: Klägerin und Angeklagte! Der Gerichts 100 hof hat euren Fall angehört und hat keine Klarheit gewonnen, wer die wahre Mutter dieses Kindes ist. Ich als Richter hab die Verpflichtung, daß ich für das Kind eine Mutter aussuch.

_____

2  vulgär: gewöhnlich, gemein, niedrig

Ich werd eine Probe machen. Schauwa, nimm ein Stück Kreide. Zieh einen Kreis auf den Bo 105 den. *Schauwa zieht einen Kreis mit Kreide auf den Boden.* Stell das Kind hinein! *Schauwa stellt Michel, der Grusche zulächelt, in den Kreis.* Klägerin und Angeklagte, stellt euch neben den Kreis, beide! *Die Gouverneursfrau und Grusche treten* 110 *neben den Kreis.* Faßt das Kind bei der Hand. Die wahre Mutter wird die Kraft haben, das Kind aus dem Kreis zu sich zu ziehen.

DER ZWEITE ANWALT *schnell:* Hoher Gerichtshof, ich erhebe Einspruch, daß das Schicksal der 115 großen Abaschwili-Güter, die an das Kind als Erben gebunden sind, von einem so zweifelhaften Zweikampf abhängen soll. Dazu kommt: Meine Mandantin verfügt nicht über die gleichen Kräfte wie diese Person, die gewohnt ist, 120 körperliche Arbeit zu verrichten.

AZDAK: Sie kommt mir gut genährt vor. Zieht! *Die Gouverneursfrau zieht das Kind zu sich herüber aus dem Kreis. Grusche hat es losgelassen, sie steht entgeistert.* 125

DER ERSTE ANWALT *beglückwünscht die Gouverneursfrau:* Was hab ich gesagt? Blutsbande!

AZDAK *zu Grusche:* Was ist mir dir? Du hast nicht gezogen.

GRUSCHE: Ich hab's nicht festgehalten. *Sie läuft* 130 *zu Azdak.* [...] Wenn ich's nur behalten könnt, bis es alle Wörter kann. Es kann erst ein paar.

AZDAK: Beeinfluß nicht den Gerichtshof! Ich wett, du kannst selber nur zwanzig. Gut, ich mach die Probe noch einmal, daß ich's endgültig hab. 135 *Die beiden Frauen stellen sich noch einmal auf.*

AZDAK: Zieht!

*Wieder läßt Grusche das Kind los.*

GRUSCHE *verzweifelt:* Ich hab's aufgezogen! Soll ich's zerreißen? Ich kann's nicht. 140

AZDAK *steht auf:* Und damit hat der Gerichtshof festgestellt, wer die wahre Mutter ist. *Zu Grusche:* Nimm dein Kind und bring's weg. Ich rat dir, bleib nicht in der Stadt mit ihm. *Zur Gouverneursfrau:* Und du verschwind, bevor 145 ich dich wegen Betrug verurteil. Die Güter fallen an die Stadt, damit ein Garten für die Kinder draus gemacht wird. [...]*  Ⓡ

(1944/45)

**2** *Welchen Eindruck hast du beim Lesen gewonnen? Notiere deine ersten Gedanken und Fragen an den Text in dein Heft.*

**3** *Beantworte die folgenden W-Fragen in Stichpunkten. Sie helfen dir, die Szene inhaltlich zu erfassen.*

Wer tritt auf? _____

Wo spielt das Geschehen? _____

Was geschieht in der Szene? _____

_____

_____

_____

Wie sprechen die Figuren miteinander? _____

_____

**4** *Welche der folgenden Sätze beschreiben Handlungen aus der Szene? Kreuze sie an.*

☐ Zwei Anwälte vertreten die Interessen der Gouverneursfrau.

☐ Der Richter entscheidet am Ende, dass keine der beiden Frauen die wahre Mutter ist.

☐ Der zweite Anwalt plaudert aus, dass an das Kind ein beträchtliches Erbe gebunden ist.

☐ Beide Frauen sollen versuchen, den Jungen aus einem Kreidekreis zu ziehen, die Grusche aber lässt zweimal los.

☐ Die Magd Grusche beschreibt, wie sie den Jungen aufgezogen hat.

☐ Die Gouverneursfrau stört den Prozessverlauf durch wiederholte Zwischenrufe.

☐ Die Magd Grusche wird angeklagt, den Jungen entführt zu haben.

☐ Weil der Richter die Frage nach der wirklichen Mutter nicht beantworten kann, stellt er die beiden Frauen auf die Probe.

**5** *Welche Aussage beschreibt das Thema des Stückes?*
*Kreuze Zutreffendes an.*

☐ In dem Stück geht es darum, dass ein kleiner Junge um sein Erbe kämpft.

☐ Das Stück verdeutlicht, dass die Reichen immer gewinnen.

☐ Das Stück zeigt, wie menschliches Handeln zu Gerechtigkeit führt.

**6** *Finde heraus, wer in der Szene mit wem und wie oft redet.*

**a)** *Kreuze an, welche Figuren miteinander sprechen.*

**b)** *Zähle aus, wie oft die jeweiligen Figuren miteinander reden, und trage dein Ergebnis in das Kästchen ein.*

**c)** *Welche Figuren haben den größten Redeanteil miteinander? Markiere die entsprechenden Felder farbig.*

> **Tipp**
>
> Bedenke, dass eine Person auch einen Monolog führen kann.

| Mit wem? | Wer spricht? | | | | | |
|---|---|---|---|---|---|---|
| | Richter Azdak | Magd Grusche | Erster Anwalt | Zweiter Anwalt | Natella Abaschwili | Köchin |
| mit dem Richter Azdak | | | | | | |
| mit der Magd Grusche | ✗ 7 | | | | | |
| mit dem Ersten Anwalt | | | | | | |
| mit dem Zweiten Anwalt | | | | | | |
| mit Natella Abaschwili | | | | | | |
| mit der Köchin | | | | | | |
| zu allen | | | | | | |

**7** *Welche Ziele verfolgen die hauptsächlich beteiligten Personen?*
*Ergänze die folgenden Sätze.*

Richter Azdak hat die Aufgabe, _____

_____

Magd Grusche möchte _____

Das Ziel der Anwälte ist es, _____

Natella Abaschwili will _____

_____

**8**  Wie tritt der Richter gegenüber den beiden Anwälten auf?

a)  Kreuze an, welche Adjektive sein Verhalten am besten beschreiben.

☐ selbstbewusst    ☐ unterwürfig    ☐ schlau    ☐ unsicher    ☐ schlagfertig

b)  Nenne zwei Textstellen, die deine Meinung aus Aufgabe a) belegen.

_____

_____

**9**  Was erfährst du in der Szene über die Magd Grusche? Beziehe dabei alle Möglichkeiten der Figurencharakteristik ein, wie sie im Merkkasten aufgeführt sind. Notiere deine Ergebnisse stichpunktartig in
einer Mind-Map oder einem Cluster.

| | **Magd Grusche** | **Kind lächelt ihr zu** |
|---|---|---|

**10**  Vergleiche die Aussagen und das Verhalten von Klägerin und Angeklagter.

| Klägerin Natella Abaschwili | Angeklagte Grusche |
|---|---|
| | |
| | |
| | |

**11**  Die Magd Grusche lässt den Jungen zweimal los. Warum?

a)  Finde in der Szene Gründe für das Verhalten der Magd. Unterstreiche die Textstellen.

b)  Wie beurteilst du ihr Verhalten? Notiere Stichpunkte.

_____

_____

# Übungen zum zweiten Prüfungsteil: Textproduktion

## Ein Thema in einem Blogeintrag erörtern

Im zweiten Prüfungsteil kann dir eine Aufgabe wie die folgende begegnen.

*Lies die Materialien 1 und 2 zum Thema „Bundesjugendspiele". Auch in eurer Klasse kommt es immer wieder zu Diskussionen über dieses Thema. Erläutere ausgehend von den Texten, welche Argumente für und welche gegen die Abschaffung der Bundesjugendspiele sprechen. Formuliere auch eine eigene Meinung dazu.*
**Erörtere das Thema in einem Blogeintrag für ein Schülerforum im Internet.**

### M 1 Bundesjugendspiele abschaffen?

rp online: Eine Mutter aus Konstanz hat im Internet dazu aufgerufen, den mehr als 60 Jahre alten Schulsport-Wettkampf abzuschaffen. Ihr Kind hatte nur eine Teilnehmerurkunde bekommen und deshalb geweint. Tausende schlossen sich der Petition vom Bodensee an. Aber sollten die Bundesjugendspiele abgeschafft werden? *

### M 2 Aus dem Beschluss der Kultusministerkonferenz vom 26.10.1979, in der Fassung vom 12.09.2013.

Die Bundesjugendspiele sind – im Gegensatz zu den vielen freiwilligen Schulsport-Wettbewerben – eine verbindlich durchzuführende Veranstaltung. Um eine nachhaltige Motivation für das Sporttreiben zu fördern, aber auch um die Attraktivität des Angebots zu erhöhen, sollten die Sportvereine vor Ort in die Vorbereitung und Durchführung einbezogen werden. Auf diese Weise kann z. B. ein Rahmenprogramm gestaltet werden, das den Tag zu einem sportlichen und kulturellen Höhepunkt an der Schule werden lässt. Ausschlaggebend für das Gelingen der Bundesjugendspiele sind jedoch auch eine positive Einstellung der Schule und des gesamten Kollegiums zu regelmäßiger sportlicher Betätigung im Schulalltag. *

Bearbeite die folgenden Aufgaben, um die vorliegende Prüfungsaufgabe schrittweise zu lösen.

## Die Prüfungsaufgabe verstehen

**1** **a)** *Was verlangt die Prüfungsaufgabe von dir? Lies die Aufgabenstellung genau durch. Beantworte stichpunktartig die beiden Fragen:*

Für wen sollst du einen Text schreiben? _____

Wie heißt der Operator der Aufgabenstellung? _____

**b)** *Schreibe die Aufgabe in deinen Worten in einem Satz auf.*

**c)** *Lies die Aufgabenstellung noch einmal aufmerksam und kreuze die zutreffenden Aussagen an.*

a) ☐ Ich soll genau beschreiben, wie die Bundesjugendspiele ablaufen und was für die Schüler/-innen zu beachten ist.

b) ☐ Ich soll Argumente für und gegen die Abschaffung der Bundesjugendspiele vorbringen.

c) ☐ Ich soll ausschließlich die Vorteile von Bundesjugendspielen und anderen sportlichen Veranstaltungen für Schüler/-innen aufzählen.

d) ☐ Ich soll vor allem die Nachteile der Durchführung von Bundesjugendspielen an Schulen anführen.

e) ☐ Ich soll benennen, warum es gut und schlecht für Schüler/-innen, Lehrer/-innen und das Schulleben wäre, wenn man an Schulen keine Bundesjugendspiele mehr veranstalten würde.

## Schreibideen sammeln und ordnen

**2** **a)** *Lies die Meldung und den Auszug aus dem Beschluss der Kultusministerkonferenz auf Seite 44.*

**b)** *Welche Argumente werden in den beiden Texten genannt? Notiere Stichpunkte* <u>*für*</u> *und* <u>*gegen*</u> *die Abschaffung der Bundesjugendspiele in der Tabelle.*

| Pro | Kontra |
|---|---|
| *Enttäuschung bei Kindern, die nicht so gut abschneiden* | |
| | |
| | |

**3** *Sammle weitere Ideen, Argumente, Beispiele für deine Argumentation. Übertrage die Mind-Map in dein Heft. Ergänze in der Mind-Map stichwortartig in Grün alle Ideen für die Pro-Seite und in Rot deine Ideen für die Kontra-Seite.*

*Welche Argumente sprechen für und welche gegen die Abschaffung von Bundesjugendspielen an Schulen?*

Schüler/-innen — Lehrer/-innen — Schulleben

*S können andere Seite von sich zeigen*

*Gemeinschaftserlebnis*

**4** *Untersuche die folgenden Argumente.*
  **a)** *Trenne zunächst mit Bleistift Aussage (Behauptung), Begründung und Beispiel.*
  **b)** *Untersuche die Textteile genauer und markiere die wichtigsten Stellen des Pro-Arguments und des Kontra-Arguments.*

> Ich persönlich bin für die Abschaffung der Bundesjugendspiele, obwohl ich gern Sport treibe. Aber nicht alle beherrschen die speziellen Wettkampfsportarten, die im Allgemeinen bei den Bundesjugendspielen üblich sind, und für diese Schüler kann die Veranstaltung eine Qual sein. Ein deutliches Zeichen dafür, dass dies der Fall ist, sind die vielen Krankschreibungen an diesem Tag. Wenn es tatsächlich „Spiele" wären, die jedem Spaß machen, dann gäbe es dieses Problem nicht.

> Bundesjugendspiele sind eine prima Sache, weil Bewegung auf jeden Fall besser ist als das stundenlange Sitzen im normalen Unterricht. Abgesehen von den wenigen Sportstunden verbringt man nämlich in der Schule die meiste Zeit im Klassenzimmer, obwohl jeder weiß, dass Kinder und Jugendliche mehr Bewegung brauchen. Ich habe in meiner Klasse die Erfahrung gemacht, dass bei den Wettkämpfen auch die weniger Sportlichen mitmachen und sich endlich mal bewegen.

**5** *Sammle Argumente, Belege und Beispiele für die Pro- und die Kontra-Seite. Ergänze dafür in der folgenden Tabelle stichpunktartig links die fehlenden Argumente und rechts fehlende Belege und Beispiele.*

> **Tipp**
>
> Du kannst dafür auch deine Ergebnisse zu den Aufgaben 2 bis 4 nutzen.

| Pro-Argumente (für Abschaffung) | Belege/Beispiele |
|---|---|
| Enttäuschung bei Kindern, die nicht so gut abschneiden | Das Kind in Konstanz, das nach Erhalt der Teilnehmerurkunde geweint hat |
| | |
| | |
| | |

| Kontra-Argumente (gegen Abschaffung) | Belege/Beispiele |
|---|---|
|  |  |
|  | Es treffen sich Schüler/-innen und Lehrer/-innen über die Klassengrenzen hinweg. |
|  |  |
|  |  |

## Einen Schreibplan erstellen

**6** *Um die Leser/-innen von deiner Meinung zu überzeugen, gehst du in deiner Argumentation am besten nach dem Sanduhr-Prinzip vor. Die folgende Tabelle kannst du als Schreibplan für deine Argumentation nutzen. Ordne die Pro- und Kontra-Argumente aus Aufgabe 5 ein. Schreibe Stichworte.*

| | |
|---|---|
| eigene Position | *Die Abschaffung der Bundesjugendspiele ist meiner Meinung nach heute …* |
| These der Gegenposition | |
| 1. stärkstes Argument der Gegenposition<br>   mit Beleg | |
| 2. mittelstarkes Argument der Gegenposition<br>   mit Beleg | |

| | |
|---|---|
| **3. schwächstes Argument der Gegenposition**<br>mit Beleg | |
| **These der eigenen Position** | |
| **1. schwächstes Argument der eigenen Position**<br>mit Beleg | |
| **2. mittelstarkes Argument der eigenen Position**<br>mit Beleg | |
| **3. stärkstes Argument der eigenen Position**<br>mit Beleg | |

## Den Text schreiben

**Eine Argumentation verfassen**

Wenn du eine Argumentation schreibst, musst du auf folgende Punkte achten:
- Nenne in der Einleitung das Thema deiner Argumentation und deine Meinung zu diesem Thema. Durch interessante Informationen zum Thema kannst du bereits in der Einleitung die Aufmerksamkeit deiner Leser/-innen gewinnen.
- Der Hauptteil enthält deine Argumentation. Baue sie nach dem Sanduhr-Prinzip auf (siehe Info S. 47). Wichtig ist, dass du die einzelnen Argumente sprachlich sinnvoll verknüpfst.
- Im Schluss deiner Argumentation kannst du z. B. deine Ergebnisse zusammenfassen, ein abschließendes Urteil fällen oder einen Vorschlag machen.

**7** *Ergänze die folgende Einleitung in deinem Heft. Beachte dabei, dass du auf die Themafrage eingehst.*

*Erst neulich standen in unserer Schule wieder die alljährlichen Bundesjugendspiele an. Als die Ankündigung durch den Sportlehrer gemacht worden war, gab es erst mal ein großes Hallo. Die einen jubelten und freuten sich, während die anderen lange Gesichter zogen. Die Bundes-jugendspiele ...*

**8** **a)** *Im Hauptteil deiner Argumentation musst du deine Argumente sprachlich sinnvoll verknüpfen, damit die Leser/-innen deinen Argumentationsgang nachvollziehen können.*
*Formuliere zwei Gegenargumente zu deiner Position (S. 47/48) aus. Du kannst dabei Formulierungshilfen aus dem Kasten nutzen.*

1. stärkstes Argument der Gegenposition:

*Dagegen spricht sicherlich, dass* _____

_____

_____ ,

weil _____

_____ .

2. mittelstarkes Argument der Gegenposition:

_____

_____ ,

da _____

_____

**Tipp**

**Formulierungshilfen**

Einleitungen für Gegenargumente:
- Dagegen spricht sicherlich, dass …
- Andere sind sicherlich der Meinung, dass …
- Gegner dieser Ansicht würden dem entgegensetzen, dass …
- Dem könnte man entgegenhalten, dass …

Überleitungen von einem Argument zum nächsten:
- Außerdem spricht dagegen, dass …
- Darüber hinaus …
- Zudem könnte man behaupten, dass …
- Ein weiteres Argument …
- Des Weiteren …

**b)** *Formuliere nun zwei Argumente für deine Position (S. 48) aus. Verknüpfe sie mit passenden Formulierungen aus dem Kasten.*

1. schwächstes Argument der eigenen Position:

*Aus meiner Sicht spricht für/gegen die Abschaffung*

*von Bundesjugendspielen* _____

_____ .

Das zeigt _____

_____

_____ .

2. mittelstarkes Argument der eigenen Position:

_____

_____

**Tipp**

**Formulierungshilfen**

Überleitungen von einem Argument zum nächsten:
- Aus meiner Sicht spricht für/gegen …, dass …
- Meiner Meinung nach steht außer Frage, dass …
- Im Gegensatz zu dieser Argumentation …
- Ich dagegen vertrete die Auffassung, dass …
- Sicherlich sind dies berechtigte Einwände, aber aus meiner Sicht …
- Hinzu kommt, dass …
- Darüber hinaus …
- Noch wichtiger ist, dass …
- Entscheidender aus meiner Sicht ist jedoch, dass …
- Besonders schwerwiegend ist, dass …

_____ .

Das belegt z. B. _____

_____

**9** **a)** *Ein passender Schluss rundet deine Argumentation ab. Welcher der angegebenen Satzanfänge scheint dir für den Schluss deiner Argumentation geeignet? Kreuze an.*

☐ Nach Abwägung aller Argumente komme ich zu dem Ergebnis ...

☐ Mein Fazit aus den genannten Argumenten lautet ...

☐ Zusammenfassend möchte ich sagen ...

☐ Am Ende möchte ich einen weiteren interessanten Aspekt darstellen ...

☐ Führe ich mir abschließend alle Argumente vor Augen, komme ich zu dem Schluss, dass ...

☐ Nach der eingehenden Beschäftigung mit diesem Thema konnte ich keine eigene Position entwickeln ...

☐ Auf der Grundlage meiner Überlegungen möchte ich abschließend an die Verantwortlichen appellieren ...

☐ Eine geeignete Alternative stellt für mich ...

**b)** *Übertrage den ausgewählten Satzanfang in dein Heft und formuliere einen vollständigen Schluss.*

**10** *Schreibe nun deine komplette Argumentation in dein Heft.*

## Den Text überarbeiten

**11** **a)** *Überprüfe deine Argumentation mithilfe der Checkliste.*
   **b)** *Überarbeite deinen Text, falls notwendig, und schreibe ihn noch einmal zusammenhängend und sauber ab. Achte dabei auf sinnvolle Absätze.*

**Checkliste**

|   | | ja | nein |
|---|---|---|---|
| 1 | Hat mein Text einen **klaren Aufbau** (Einleitung, Hauptteil, Schluss)? | ☐ | ☐ |
| 2 | Enthält die **Einleitung** das Thema der Argumentation und meine Haltung zu diesem Thema? | ☐ | ☐ |
| 3 | Habe ich den **Hauptteil** meiner Argumentation nach dem Sanduhr-Prinzip aufgebaut? | ☐ | ☐ |
| 4 | Habe ich alle **Argumente** mit passenden Belegen oder Beispielen versehen? | ☐ | ☐ |
| 5 | Habe ich passende **Informationen aus dem Text** in meiner Argumentation berücksichtigt? | ☐ | ☐ |
| 6 | Sind die einzelnen Argumente **sprachlich sinnvoll verknüpft**? | ☐ | ☐ |
| 7 | Habe ich im **Schlussteil** der Argumentation die Ergebnisse noch einmal zusammengefasst, ein abschließendes Urteil gefällt oder einen Vorschlag gemacht? | ☐ | ☐ |
| 8 | Habe ich unnötige **Wortwiederholungen vermieden**? | ☐ | ☐ |
| 9 | Habe ich **Rechtschreibung**, **Grammatik** und **Zeichensetzung** geprüft? | ☐ | ☐ |

# Einen Tagebucheintrag schreiben

In der Prüfung könnte dir auch ein längerer literarischer Text begegnen, dessen Inhalt du in einem eigenen Text wiedergeben musst.

**1** *Lies die folgende Ballade.*

### Der Taucher (1797)   *Friedrich Schiller*

„Wer wagt es, Rittersmann oder Knapp[1],
Zu tauchen in diesen Schlund?
Einen goldnen Becher werf ich hinab,
Verschlungen schon hat ihn der schwarze Mund.
5   Wer mir den Becher kann wieder zeigen,
Er mag ihn behalten, er ist sein Eigen."

Der König spricht es und wirft von der Höh
Der Klippe, die schroff und steil
Hinaushängt in die unendliche See,
10   Den Becher in der Charybde[2] Geheul.
„Wer ist der Beherzte, ich frage wieder,
Zu tauchen in diese Tiefe nieder?"

Und die Ritter, die Knappen um ihn her
Vernehmen's und schweigen still,
15   Sehen hinab in das wilde Meer
Und keiner den Becher gewinnen will.
Und der König zum dritten Mal wieder fraget:
„Ist keiner, der sich hinunterwaget?"

Doch alles noch stumm bleibt wie zuvor,
20   Und ein Edelknecht, sanft und keck,
Tritt aus der Knappen zagendem Chor,
Und den Gürtel wirft er, den Mantel weg,
Und alle die Männer umher und Frauen
Auf den herrlichen Jüngling verwundert schauen.

25   Und wie er tritt an des Felsen Hang
Und blickt in den Schlund hinab,
Die Wasser, die sie hinunterschlang,
Die Charybde jetzt brüllend wiedergab,
Und wie mit des fernen Donners Getose
30   Entstürzen sie schäumend dem finstern Schoße.

Und es wallet und siedet und brauset und zischt,
Wie wenn Wasser mit Feuer sich mengt,
Bis zum Himmel spritzet der dampfende Gischt[3],
Und Flut auf Flut sich ohn' Ende drängt,
35   Und will sich nimmer erschöpfen und leeren,
Als wollte das Meer noch ein Meer gebären.

Doch endlich, da legt sich die wilde Gewalt,
Und schwarz aus dem weißen Schaum
Klafft hinunter ein gähnender Spalt,
Grundlos, als ging's in den Höllenraum,   40
Und reißend sieht man die brandenden Wogen
Hinab in den strudelnden Trichter gezogen.

Jetzt schnell, eh' die Brandung wiederkehrt,
Der Jüngling sich Gott befiehlt,
Und – ein Schrei des Entsetzens wird rings gehört,   45
Und schon hat ihn der Wirbel hinweggespült;
Und geheimnisvoll über dem kühnen Schwimmer
Schließt sich der Rachen, er zeigt sich nimmer

Und stille wird's über dem Wasserschlund,
In der Tiefe nur brauset es hohl,   50
Und bebend hört man von Mund zu Mund:
„Hochherziger Jüngling, fahre wohl!"
Und hohler und hohler hört man's heulen,
Und es harrt noch mit bangem, mit schrecklichem
Weilen. [...]   55

Und sieh! aus dem finster flutenden Schoß,
Da hebet sich's schwanenweiß,
Und ein Arm und ein glänzender Nacken wird bloß
Und es rudert mit Kraft und mit emsigem Fleiß,
Und er ist's, und hoch in seiner Linken   60
Schwingt er den Becher mit freudigem Winken.

Und atmete lang und atmete tief
Und begrüßte das himmlische Licht.
Mit Frohlocken es einer dem andern rief:
„Er lebt! Er ist da! Es behielt ihn nicht.   65
Aus dem Grab, aus der strudelnden Wasserhöhle
hat der Brave gerettet die lebende Seele."

Und er kommt, es umringt ihn die jubelnde Schar,
Zu des Königs Füßen er sinkt,
Den Becher reicht er ihm kniend dar,   70
Und der König der lieblichen Tochter winkt,
Die füllt ihn mit funkelndem Wein bis zum Rande,
Und der Jüngling sich also zum König wandte:

---

1 Knapp: Knappe
2 Charybde: Meeresungeheuer (griech. Sagen)
3 Gischt: Meeresschaum

75 „Lang lebe der König! Es freue sich,
Wer da atmet im rosigten Licht!
Da unten aber ist's fürchterlich,
Und der Mensch versuche die Götter nicht,
Und begehre nimmer und nimmer zu schauen,
Was sie gnädig bedecken mit Nacht und Grauen.

80 Es riss mich hinunter blitzesschnell,
Da stürzt' mir aus felsigtem Schacht
Wild flutend entgegen ein reißender Quell,
Mich packte des Doppelstroms wütende Macht,
Und wie einen Kreisel mit schwindelndem Drehen
85 Trieb mich's um, ich konnte nicht widerstehen.

Da zeigte mir Gott, zu dem ich rief,
In der höchsten schrecklichen Not,
Aus der Tiefe ragend ein Felsenriff,
Das erfasst' ich behend und entrann dem Tod,
90 Und da hing auch der Becher an spitzen Korallen,
Sonst wär er ins Bodenlose gefallen. [...]

Und schaudernd dacht ich's, da kroch's heran,
Regte hundert Gelenke zugleich,
Will schnappen nach mir, in des Schreckens Wahn
95 Lass ich los der Koralle umklammerten Zweig,
Gleich fasst mich der Strudel mit rasendem Toben,
Doch es war mir zum Heil, er riss mich nach oben."

Der König darob sich verwundert schier
Und spricht: „Der Becher ist dein,
100 Und diesen Ring noch bestimm ich dir,
Geschmückt mit dem köstlichsten Edelgestein,
Versuchst du's noch einmal und bringst mir Kunde,
Was du sahst auf des Meers tiefunterstem Grunde."

Das hörte die Tochter mit weichem Gefühl
105 Und mit schmeichelndem Munde sie fleht:
„Lasst, Vater, genug sein das grausame Spiel,
Er hat Euch bestanden, was keiner besteht,
Und könnt Ihr des Herzens Gelüsten nicht zähmen,
So mögen die Ritter den Knappen beschämen."

110 Drauf der König greift nach dem Becher schnell,
In den Strudel ihn schleudert hinein:
„Und schaffst du den Becher mir wieder zur Stell,
So sollst du der trefflichste Ritter mir sein
Und sollst sie als Ehgemahl heut noch umarmen,
115 Die jetzt für dich bittet mit zartem Erbarmen."

Da ergreift's ihm die Seele mit Himmelsgewalt,
Und es blitzt aus den Augen ihm kühn,
Und er siehet erröten die schöne Gestalt,
Und sieht sie erbleichen und sinken hin,
120 Da treibt's ihn, den köstlichen Preis zu erwerben,
Und stürzt hinunter auf Leben und Sterben.

Wohl hört man die Brandung, wohl kehrt sie zurück,
Sie verkündigt der donnernde Schall,
Da bückt sich's hinunter mit liebendem Blick,
125 Es kommen, es kommen die Wasser all,
Sie rauschen herauf, sie rauschen nieder,
Den Jüngling bringt keines wieder. *

Eine Aufgabe zu diesem Text könnte in der Prüfung folgendermaßen lauten:

*Stell dir vor, einer der Ritter aus dem Gefolge des Königs verfolgt das Geschehen um den „Taucher"
genau. Er notiert später ausführlich in seinem Tagebuch, was er erlebt hat und wie er das Gesehene
und Gehörte beurteilt. Schreibe diesen Text. Erstelle davor einen Schreibplan.*

Bearbeite die nachfolgenden Aufgaben, um dir deinen Text zu erarbeiten.

**2** **a)** *Lies die Ballade noch einmal aktiv. Markiere Stellen im Text, die dir wichtig oder unklar erscheinen,
oder mache dir Notizen (siehe auch vordere innere Umschlagseite).*

**b)** *Kläre unbekannte Wörter mithilfe des Lexikons oder erschließe sie aus dem Textzusammenhang.*

**3** **a)** *Der Text ist in Handlungseinheiten unterteilbar. Ordne zuerst den Handlungseinheiten der linken Spalte durch einen Pfeil die passenden Strophen zu. Ergänze dann die Zeilenangaben.*

| Handlungseinheiten | | Strophen | Zeilenangaben |
|---|---|---|---|
| Der König möchte den Jüngling noch mal hinabschicken. Seine Tochter will ihm das ausreden. | | 1–3 | |
| Der Jüngling kann diesem Angebot nicht widerstehen. Er stürzt sich ins Wasser und kehrt nie wieder. | | 4–9 | |
| Der Jüngling taucht mit dem Becher wieder aus dem wilden Wasser hervor. Die Menge jubelt ihm zu. | | 10–11 | |
| Der König wirft den Becher ein zweites Mal ins Wasser. Er verspricht dem Jüngling als Lohn die Ritterschaft und die Hand seiner Tochter. | | 12–16 | |
| Der König wirft einen goldenen Becher ins Meer. Er fordert seine Gefolgschaft auf, nach dem Becher zu tauchen. Niemand folgt seinem Aufruf. | | 17–18 | |
| Der Jüngling bringt dem König den Becher zurück. Er erzählt ihm ausführlich, wie furchtbar und gefährlich es war, in dem tosenden Meer zu tauchen. | | 19 | |
| Ein junger Edelknecht tritt hervor. Er schaut lange in das tosende Meer. Er stürzt sich ins Wasser. Die Anwesenden wünschen ihm das Beste. | | 20–21 | |

**b)** *Formuliere den Hauptteil deines Textes aus. Beachte dabei folgende Vorgaben:*

   – Übernimm die Zusammenfassungen der Handlungsschritte in der richtigen Reihenfolge.

   – Formuliere die Satzreihen (Hauptsätze) – wo möglich – in Satzgefüge (Haupt- und Nebensätze) um.

   – Schreibe im Präteritum.

   – Nutze verknüpfende Wörter und Wendungen, z.B.

   > jedoch  •  Gott sei Dank  •  unerwartet  •  dann  •  da  •  am gestrigen Tag

   – Ergänze eigene Sätze.

**4** *Für deinen Text benötigst du noch Ideen für die Gestaltung von Einleitung, persönlicher Einschätzung und Schluss. Ergänze den Schreibplan mit Stichworten.*

**Tipp**

Der Infokasten auf S. 48 hilft dir dabei.

| Einleitung | |
|---|---|
| **Hauptteil** | 1) *Wiedergabe des Inhalts: siehe Handlungsschritte Aufgabe 2b*<br>2) *Persönliche Einschätzung:* |
| **Schluss** | |

**5** *Schreibe nun den ganzen Tagebucheintrag. Verwende deinen Schreibplan und die Handlungseinheiten aus Aufgabe 3 (S. 53).*

**6** *Überarbeite deinen Text mithilfe der folgenden Checkliste.*

**Checkliste**

|  | | ja | nein |
|---|---|---|---|
| **1** | Sind in meinem Text Einleitung, Hauptteil und Schluss erkennbar? | ☐ | ☐ |
| **2** | Habe ich in meiner Einleitung über den Ort, die Zeit und die Figuren informiert? | ☐ | ☐ |
| **3** | Habe ich in einer sinnvollen Reihenfolge beschrieben und dies durch passende Wörter verdeutlicht? | ☐ | ☐ |
| **4** | Habe ich die richtige Zeitform verwendet? | ☐ | ☐ |
| **5** | Enthält der Schluss entweder eine Zusammenfassung oder einen Ausblick? | ☐ | ☐ |
| **6** | Habe ich abwechslungsreiche Wörter verwendet und Wortwiederholungen vermieden? | ☐ | ☐ |
| **7** | Habe ich Rechtschreibung, Grammatik und Zeichensetzung geprüft? | ☐ | ☐ |

# Eine Charakterisierung ausformulieren

In der Prüfung kann dir im zweiten Teil (Textproduktion) auch eine Aufgabenstellung zum Charakterisieren vorgelegt werden. Folgendermaßen könnte so eine Aufgabe formuliert sein:

*Lies die Kurzgeschichte „Die Leserin". Charakterisiere die Hauptfigur. Erläutere besonders ihr Verhalten, ihr Aussehen und ihre Gefühle und Gedanken.*

Bearbeite folgende Aufgaben und erarbeite so schrittweise eine Charakterisierung.

## Sich in der Aufgabe orientieren

**1** *Lies die Kurzgeschichte auf Seite 28.*

**2** *Lies die Aufgabenstellung oben noch mal sorgfältig und markiere dabei die Schlüsselwörter.*

**3** *Worum soll es in deinem Hauptteil gehen? Kreuze die zutreffende(n) Aussage(n) an.*

a) ☐ Ich soll im Text nach Informationen zu Aussehen, Verhalten und Charakter der Hauptfigur suchen.

b) ☐ Ich darf nur Informationen aus dem Text nutzen.

c) ☐ Ich soll mir überlegen, welche weiteren Merkmale und Eigenschaften die Hauptfigur haben könnte.

d) ☐ Ich soll berichten, was in der Erzählung genau passiert ist.

e) ☐ Ich soll die Beziehung der Hauptfigur zu ihren Kunden beschreiben.

f) ☐ Ich soll die Hauptfigur möglichst genau beschreiben.

## Eine Charakterisierung vorbereiten

> **Info**
>
> **Charakterisierung**
>
> Die Charakterisierung **beschreibt** eine Figur aus einem literarischen Werk **möglichst genau**. Dabei arbeitet man nah am Text und sucht nach wichtigen **Eigenschaften der Figur**, die durch ihr **Verhalten** deutlich werden.
> Dabei sollte man auf folgende Punkte – soweit sie genannt werden – in dieser Reihenfolge eingehen:
> • Allgemeine Angaben (Name, Geschlecht, Alter, Beruf ...)
> • Lebensumstände (Familienverhältnisse, Position in einer Gruppe ...)
> • Aussehen (körperliche Merkmale, Kleidung, besondere Auffälligkeiten)
> • Verhalten
> • Eigenschaften, Gefühle, Einstellungen
> • Beurteilung der Figur

**4** Wie wird die Hauptfigur im Text beschrieben? Belege die folgenden Aussagen mit passenden Textstellen.

| Beschreibung der Hauptfigur | Zeilenangabe |
|---|---|
| Ihre Lieblingsbeschäftigung ist Lesen. | |
| Ihre Lieblingsreihe sind die „Südseeromane", sie liest aber auch andere Reihen. | |
| Beim Lesen träumt sie von der Südsee. | |
| Sie hofft, im Lotto zu gewinnen. | |

**5** **a)** Was erfährst du außerdem in der Erzählung „Die Leserin" über die Hauptfigur? Lies die Erzählung noch einmal und markiere alle Informationen zum Äußeren und zu den Vorlieben der Figur.

**b)** Ergänze das Cluster. Nutze deine Markierungen aus Aufgabe a).

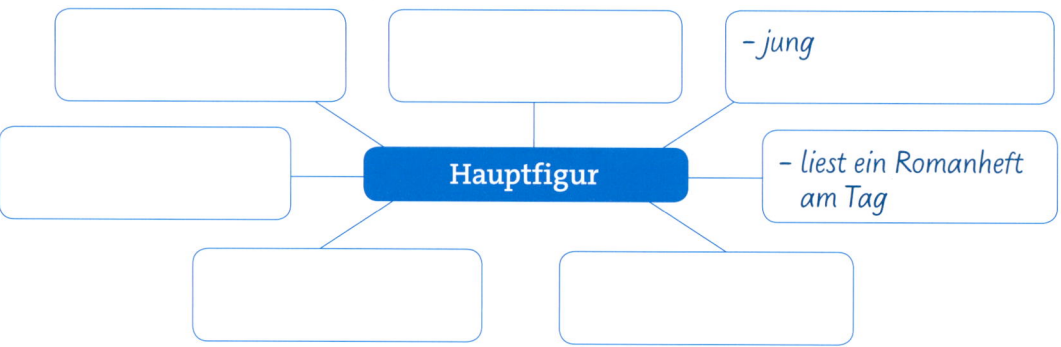

**6** Was denkst du über die Hauptfigur? Kannst du ihr Verhalten verstehen? Begründe.

_____

_____

_____

_____

_____

_____

_____

# Einen Schreibplan erstellen

**7** *Ordne die folgenden Inhalte einer Charakterisierung den drei Textteilen Einleitung, Hauptteil und Schluss zu. Schreibe in dein Heft.*
*Beachte dabei, dass man bei der Beschreibung von Personen oder literarischen Figuren zuerst auf äußere Merkmale und anschließend auf die Gefühle und Charaktereigenschaften eingehen sollte.*

> Beurteilung der Figur mit Begründung • Allgemeine Angaben zur Figur • Darstellung der Gefühle • Nennung von Titel, Autor/-in, Textsorte und Thema (TATT) • Beschreibung körperlicher Merkmale • Ausgangssituation der Figur • Aussagen zum Charakter • Darstellung des Verhaltens • Beschreibung der Kleidung

*Einleitung: ...*

*Hauptteil: ...*

*Schluss: ...*

> **Tipp**
> Im Text „Die Leserin" finden sich nicht zu allen Punkten Aussagen.

# Den Text schreiben

> **Info**
>
> **Ausformulieren deines Textes**
>
> - **Gliedere deinen Text sinnvoll.** Überlege dir genau, in welcher Reihenfolge du die einzelnen Punkte beschreibst. Die Leser/-innen sollen mit dem „inneren Auge" gut folgen können.
> - **Beschreibe möglichst anschaulich**, sodass die Leser/innen sich die beschriebene Figur genau vorstellen können.
> - **Formuliere sachlich.** Vermeide umgangssprachliche Wendungen.
> - Verwende das **Präsens**.
> - Eine **Einleitung** kannst du mit folgenden Formulierungen beginnen:
> *In der ... von ... geht es um ...   Die ... von ... handelt von ...   Die ... von ... behandelt / thematisiert ...*

Wenn du eine literarische Figur charakterisierst, musst du deine Aussagen am Text belegen. Dazu kannst du Textstellen zitieren oder mit deinen eigenen Worten wiedergeben (paraphrasieren).

**8** a) *Markiere in den zwei folgenden Beispielen A und B die Textstellen, mit denen Aussagen zur Hauptfigur belegt werden.*
- *Unterstreiche Zitate rot.*
- *Unterstreiche Paraphrasen grün.*

b) *Kreise Formulierungen ein, mit denen jeweils auf den Text verwiesen wird.*

### Beispiel A

Im Text wird mehrfach deutlich, dass das Lesen der Romane für die junge Frau sehr wichtig ist. In den Zeilen 11 – 19 heißt es: „Sie hatte schon versucht, die Romane mit an die Supermarktkasse zu nehmen [...], aber das hatte ihr der Filialleiter verboten." Auch das Abendessen verbindet sie mit Lesen. Die starke Verknüpfung zeigt sich auch in der Beschreibung „[...] deckte (sie) den Tisch mit Messer, Gabel, Teller und Roman und las während des Essens." (Z. 23 – 25)

### Beispiel B

Im Text wird mehrfach gezeigt, wie wichtig das Lesen der Romane für die junge Frau ist. So versucht sie bei der Arbeit an der Supermarktkasse zu lesen, wenn keine Kunden da sind, was ihr dann aber untersagt wird (Z. 11 – 19). Wie stark sie sämtliche Tätigkeiten mit dem Lesen verbinden will, wird deutlich an der Art, wie sie den Abendbrottisch deckt: In den Zeilen 23 – 25 wird beschrieben, dass neben Geschirr und Besteck auch das Buch nicht fehlen darf.

c) *Formuliere aus den folgenden Textstellen und den zugehörigen Schlussfolgerungen Aussagen zur Hauptfigur. Zitiere oder paraphrasiere dabei die Textstellen.*

| Textstelle | Schlussfolgerung |
|---|---|
| „Sie hatte schon versucht, die Romane mit an die Supermarktkasse zu nehmen […].“ (Z. 11–12) | Figur möchte noch mehr Zeit mit Lesen verbringen |
| „Natürlich las sie den gleich, aber am Sonntag las sie ihn noch einmal.“ (Z. 36–37) | absolute Favoriten der Figur sind die Südseeromane |
| „[…] und sie vergaß ihre langweilige Arbeit im Supermarkt.“ (Z. 46–47) | Figur will die Wirklichkeit vergessen |

**Tipp**

**Formulierungshilfen**
- Die Figur behauptet …
- In Zeile … liest man …
- An diesem Satz / An dieser Textstelle erkennt man …
- Der Satz … zeigt / lässt erkennen …
- Die Figur scheint … zu sein, denn …

**Info**

**Textstellen zitieren und paraphrasieren**

- Zitate sind **wörtliche Übernahmen** aus einem Text. Sie müssen gekennzeichnet werden.
- Zitate stehen immer in Anführungszeichen.
- Zitate müssen genau sein. Sie dürfen in ihrem Wortlaut nicht verändert werden.
- Kürzungen oder Auslassungen werden durch drei Punkte in eckigen Klammern angezeigt: […]
- Am Ende des Zitats erfolgt eine Zeilenangabe in Klammern.
Beispiel: *Natürlich las sie den gleich, aber am Sonntag las sie ihn noch einmal.“ (Z. 36–37)*

Du kannst Textstellen auch **mit deinen eigenen Worten** wiedergeben (paraphrasieren).
Auch in diesem Fall musst du die Textstelle in Klammern angeben.
Beispiel: *Es wird gesagt, dass sie ihn gleich liest und am Sonntag ein zweites Mal (Z. 36–37).*

**9**   a) *Welche der folgenden Aussagen zur Hauptfigur würdest du für den Schlussteil deiner Charakterisierung wählen? Kreuze an.*

**A** ☐
Das Verhalten der Hauptfigur ist meiner Ansicht nach von ihrer Leselust geprägt.

**B** ☐
Das Verhalten und die Gefühle der Hauptfigur *kann ich / kann ich nicht* nachvollziehen.

**C** ☐
Die Hauptfigur wirkt sehr einsam.

b) *Wie kannst du die oben gewählte Aussage zur Hauptfigur begründen? Schreibe zusammenhängende Sätze in dein Heft.*

**10** *Lies noch einmal die Schreibaufgabe auf Seite 55 und verfasse die vollständige Charakterisierung zur Hauptfigur in deinem Heft. Beachte dabei die Hinweise in den Merkkästen auf dieser Seite und auf S. 55.*

## Den Text überarbeiten

**11** *Überarbeite deine Analyse. Berücksichtige die folgende Checkliste.*

## Checkliste

|  |  | ja | nein |
|---|---|---|---|
| 1 | Hat mein Text eine **Überschrift** und einen **klaren Aufbau** (Einleitung, Hauptteil, Schluss)? | ☐ | ☐ |
| 2 | Ist mein **Einleitungssatz** vollständig (Textsorte, Autor/-in, Titel, Thema)? | ☐ | ☐ |
| 3 | Habe ich das **Aussehen** der Figur und ihr **Verhalten** ausreichend beschrieben? | ☐ | ☐ |
| 4 | Habe ich **Eigenschaften** und **Gefühle** der Figur anschaulich dargestellt? | ☐ | ☐ |
| 5 | Habe ich mich auf den Text bezogen und richtig **zitiert** und **paraphrasiert**? | ☐ | ☐ |
| 6 | Habe ich in einer **sinnvollen Reihenfolge** beschrieben und dies durch passende Wörter verdeutlicht? | ☐ | ☐ |
| 7 | Enthält der **Schluss** ein zusammenfassendes **Zitat** oder ein **Fazit**? | ☐ | ☐ |
| 8 | Habe ich durchgängig die Zeitform **Präsens** verwendet, bei **Vorzeitigkeit** das **Perfekt**? | ☐ | ☐ |
| 9 | Habe ich **abwechslungsreiche Wörter** verwendet und **Wortwiederholungen vermieden**? | ☐ | ☐ |
| 10 | Habe ich **Rechtschreibung**, **Grammatik** und **Zeichensetzung** geprüft? | ☐ | ☐ |

# Eine Erzählung um-/weiterschreiben

Im zweiten Prüfungsteil kann dir auch eine Aufgabe begegnen, die dich zum Um- oder Weiterschreiben eines erzählenden Textes auffordert. Die Aufgabe könnte folgendermaßen lauten:

*Lies den Text „Sommerschnee".*
*Versetze dich in die Situation des jungen Mannes. Was könnte der junge Mann aus der Kurzgeschichte an diesem Tag erlebt haben?*
*Deine Erzählung soll an demselben Tag spielen wie der Text und sie soll die Gefühle des jungen Mannes darstellen.*

## Die Prüfungsaufgabe verstehen

**1** *Was verlangt die Prüfungsaufgabe von dir? Lies die Aufgabenstellung noch einmal aufmerksam und kreuze die zutreffenden Aussagen an.*

a) ☐ Ich soll den jungen Mann aus der Kurzgeschichte „Sommerschnee" genau beschreiben.

b) ☐ Ich soll eine Erzählung aus der Sicht des jungen Mannes oder über ihn schreiben.

c) ☐ Ich muss genau erklären, warum er sich nicht mit der jungen Frau trifft.

d) ☐ Ich kann neue Figuren und eine Handlung erfinden, sie sollten aber zur Kurzgeschichte passen.

e) ☐ Meine Erzählung muss nichts mit der Kurzgeschichte zu tun haben.

f) ☐ Meine Erzählung soll an demselben Tag mit denselben Wetterverhältnissen spielen.

g) ☐ Ich sollte möglichst viele Merkmale einer Kurzgeschichte beachten.

**Textart: Erzählung (1)**

- Eine Erzählung soll folgende Teile enthalten:
  **Einleitung:**   Der Ort, die Zeit und die Hauptfiguren werden vorgestellt und
  die Neugier der Leser/-innen wird geweckt.
  **Hauptteil:**   Die Handlung entwickelt sich in mehreren Schritten.
  Die Spannung wird bis zum Höhepunkt gesteigert.
  **Schluss:**   Die Spannung sinkt. Die Situation wird aufgelöst und das
  Geschehen klingt aus. Weitere Möglichkeiten für das Ende sind
  eine überraschende Wendung, ein Zurückkommen zur Einleitung
  oder ein abschließender Denkanstoß.
- Bei der Darstellung der Figuren wird zwischen äußerer und innerer Handlung
  unterschieden.
  Unter der **äußeren Handlung** versteht man, was die Figuren sagen und tun.
  Die **innere Handlung** gibt Gedanken und Gefühle, Wünsche, Hoffnungen,
  Träume und Ängste der Figuren wieder.

# Schreibideen sammeln und ordnen

**2**   **a)**   *Lies die Kurzgeschichte von S. 23 aktiv (siehe vordere innere Umschlagseite). Markiere und notiere
alle Informationen, die der Text über den jungen Mann enthält.*

**b)**   *Übertrage die Mind-Map in dein Heft und halte darin deine Notizen fest.*

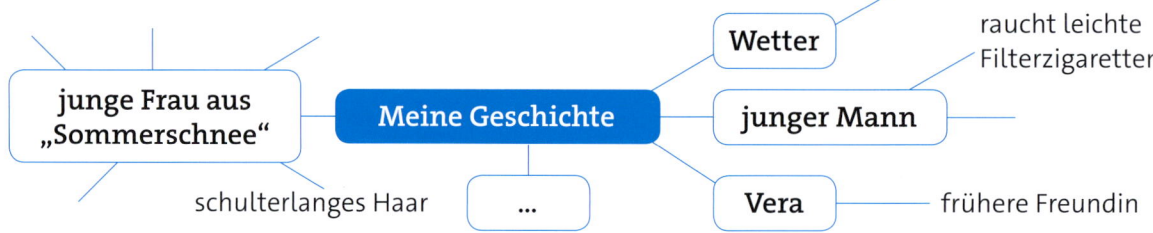

**c)**   *Notiere Informationen zur jungen Frau aus der Kurzgeschichte in der Mind-Map.*

**d)**   *Ergänze weitere Ideen zu den Figuren und zur Handlung deiner Geschichte.*

# Einen Schreibplan erstellen

**3**   *Notiere Stichworte zu Haupt- und Nebenfiguren, zum möglichen Handlungsverlauf und zur Erzählperspektive deiner Erzählung. Beachte dabei die Hinweise in den Infokästen auf dieser Seite.*

**Textart: Erzählung (2)**

**Erzählperspektive**
1. Der **Ich-Erzähler** spricht als Figur der Geschichte, die sowohl etwas in der Geschichte erlebt als auch davon
   berichtet. Es wird in der **Ich-Form** erzählt.
2. Bei der **auktorialen Erzählperspektive blickt** der Erzähler **von außen auf das Geschehen** und ist selbst nicht
   daran beteiligt. Er erzählt und kommentiert nur. Er beschreibt die Figuren von außen, kann aber in sie hinein-
   blicken. Dabei wird die **Er-/Sie-Form** verwendet.
3. Der **personale Erzähler** erzählt aus der Perspektive einer bestimmten Figur der Geschichte in der **Er-/Sie-Form**.

Informationen zum jungen Mann (Alter, Name ...):

_____

Grund für den Zettel an der Wand:

_____

Ereignisse an diesem Tag:

_____

Gefühle des jungen Mannes:

_____

Folgende Nebenfiguren treten in der Erzählung auf:

_____

Im Mittelpunkt des Hauptteils steht folgendes Ereignis:

_____

So gestalte ich das Ende der Erzählung:

_____

Ich wähle folgende Erzählperspektive:

_____

## Den Text schreiben

**Info**

**Eine Erzählung verfassen**

Wenn du eine Erzählung schreibst, musst du auf folgende Punkte achten:
- Schreibe im **Präteritum**. Für Handlungen, die noch weiter zurückliegen, verwendest du das Plusquamperfekt.
- Formuliere Fragen, Ausrufe und Gedanken in der **wörtlichen Rede**. So wirkt deine Erzählung lebendig.
- Nutze **anschauliche und treffende Verben und Adjektive**, z. B. statt _gehen: schlendern, bummeln, hasten ..._
- Verwende **Vergleiche und bildhafte Ausdrücke**, z. B.: _Sie schrie wie ein verwundetes Tier._
- Achte auf eine **abwechslungsreiche Wortwahl**, vermeide Wiederholungen.
- Formuliere für deine Erzählung eine **Überschrift**, die das Interesse der Leser/-innen weckt.

**4** _Analysiere die folgenden zwei Erzählbeispiele A und B._
  **a)** _Welche Erzähltipps aus dem Infokasten oben werden in den Beispielen angewendet? Unterstreiche entsprechende Formulierungen._
  **b)** _Notiere unter jedes Beispiel die verwendete Erzählperspektive._

  A  _Gerade wollte ich mir eine Zigarette anzünden, als das Telefon klingelte. „Vera, du?!",
     stotterte ich in den Hörer, und bevor ich weitersprechen konnte, erzählte sie mir, dass
     sie seit ein paar Wochen wieder in Frankfurt sei – es tat gut, ihre Stimme zu hören ..._

  Erzählperspektive: _____

B *Als er sich gerade eine Zigarette anzünden wollte, klingelte das Telefon. Seinen Gedanken nachhängend schlurfte er zum Telefon. Die Überraschung wich einem Lächeln in seinem Gesicht, als er die bekannte, sanfte Stimme hörte. Vera war der Gedanke gekommen, ihn anzurufen, als sie bei der Einfahrt in den Hauptbahnhof den wolkenverhangenen Messeturm erblickte und plötzlich sämtliche Erinnerungen an ihre gemeinsame Zeit auftauchten.*

Erzählperspektive: _____

**5** *Erzähle die dargestellte Situation aus einer der folgenden Perspektiven: auktoriale, personale oder Ich-Perspektive. Schreibe in dein Heft.*

*Überlege dann, wie sich der Text unterscheiden würde, wenn du eine der anderen beiden Erzählperspektiven gewählt hättest.*

**Tipp**

Zu den Erzählperspektiven findest du auf S. 60 mehr Informationen.

<u>Situation</u>: Der junge Mann geht zur Verabredung mit Vera. Er schreibt einen Zettel, hängt ihn an die Tür und fährt trotz des Regens mit dem Fahrrad durch die Frankfurter Innenstadt bis zu einem Café, in dem beide früher öfter waren. Vera ist bereits da, als er ankommt.

**6** a) *Markiere in dem folgenden Erzählbeispiel Aussagen zur äußeren Handlung rot und Angaben zur inneren Handlung grün.*

Draußen regnete es in Strömen und es sah nicht so aus, als ob der Regen nachlassen würde. Dennoch beschloss ich, das Rad zu nehmen. Ich streifte also meine Regenjacke über, obwohl ich darin bescheuert aussah, und holte das Fahrrad aus dem Keller. Ich schwitzte jetzt schon unter dem dichten Plastik, aber innerlich fühlte ich mich vor dem Treffen eher kalt. Was sollte das auch? Warum hatte ich mich überhaupt darauf eingelassen, nach so langer Zeit? Mechanisch hängte ich den Zettel, für den ich eine Stunde gebraucht hatte, bis er fertig war, an die Tür und fuhr los. Ich fuhr so schnell, dass ich regelrechte Regenwasserfontänen erzeugte. Als ich am Marktbrunnen vorbeikam, sah ich sie rasch auf das Café zugehen. Ich bremste automatisch, hätte am liebsten umgedreht. Was soll's? Ich gab mir einen Ruck und stellte das Rad ab.

b) *Wie könnte das Beispiel anders lauten, wenn sich der Ich-Erzähler aufgeregt und verliebt auf das Treffen freut? Übernehme die rot unterstrichenen äußeren Handlungsschritte und ergänze neue Angaben zur inneren Handlung.*

_____

_____

_____

_____

_____

_____

**7** *Verfasse nun eine Erzählung zur Prüfungsaufgabe auf S. 59. Verwende dazu deinen Schreibplan von S. 60, Aufg. 3. Schreibe in dein Heft.*

# Den Text überarbeiten

**8** *Überarbeite deine Erzählung mithilfe der folgenden Checkliste.*

**Checkliste**

| | | ja | nein |
|---|---|---|---|
| 1 | Hat meine Erzählung eine passende, interessante **Überschrift**? | ☐ | ☐ |
| 2 | Sind in meiner Erzählung **Einleitung, Hauptteil und Schluss** erkennbar? | ☐ | ☐ |
| 3 | Habe ich in meiner Einleitung über **den Ort, die Zeit und die Figuren** informiert? | ☐ | ☐ |
| 4 | Entspricht die **Handlung** meiner Erzählung der Vorgabe in der Schreibaufgabe? | ☐ | ☐ |
| 5 | Steigt im Hauptteil die **Spannung** bis zum Höhepunkt und nimmt zum Ende wieder ab? | ☐ | ☐ |
| 6 | Habe ich anschaulich dargestellt, was die **Figuren** denken und fühlen? | ☐ | ☐ |
| 7 | Habe ich die richtige **Zeitform** verwendet? | ☐ | ☐ |
| 8 | Habe ich in die Erzählung **wörtliche Rede** eingebaut? | ☐ | ☐ |
| 9 | Habe ich **abwechslungsreich und treffend formuliert** und Wiederholungen vermieden? | ☐ | ☐ |
| 10 | Habe ich **Rechtschreibung**, **Grammatik** und **Zeichensetzung** geprüft? | ☐ | ☐ |

Anhand folgender Aufgabenstellung kannst du ebenfalls das Um- und Weiterschreiben einer Erzählung üben.

**9** *Stelle dir Folgendes vor: Die Ich-Erzählerin aus der Kurzgeschichte „Sommerschnee" (S. 23) möchte herausfinden, wie das Verhalten des Freundes zu verstehen ist. Sie besucht deshalb im Internet ein Forum zum Thema „Liebeskummer". Unter einem Nicknamen fasst sie zuerst mit eigenen Worten zusammen, was sie erlebt hat. Anschließend fragt sie, wie andere Leser/-innen des Internetforums das Vorgehen und die Zettelbotschaft des Freundes beurteilen.*

**a)** *Ergänze den Hauptteil des Textes in der Ich-Form. Fasse für das Forum zusammen, was die Haupt-figur erlebt hat. Denke dich dabei in ihre Situation hinein und beschreibe ihre Vorfreude und dann die Enttäuschung, als sie den Zettel findet. Notiere zunächst Stichpunkte in der Tabelle.*

| Einleitung | Hallo liebe Community,<br>bis vor Kurzem war ich noch sehr glücklich. Ich war bzw. bin sehr verliebt in meinen Freund, mit dem ich jetzt leider nicht mehr zusammen bin. Dass er Schluss gemacht hat, kam für mich total überraschend und, ehrlich gesagt, werde ich aus seinem Verhalten auch nicht schlau. Deswegen hätte ich gerne euren Rat ... aber erstmal erzähle ich euch, was passiert ist: |
|---|---|
| Hauptteil – Stichpunkte | – *Verabredung mit Freund*<br>– *...* |
| Schluss | Ich bin am Boden zerstört. Es ist schon schlimm genug, dass er mit mir Schluss gemacht hat, aber wie er es gemacht hat, tut noch viel mehr weh. Wieso tut er das? Und warum auf diese herzlose Art und Weise? Habe ich etwas falsch gemacht? Was denkt ihr über sein Verhalten?<br>Eure ivy2000 |

**b)** *Welche Aussagen passen zur Erzählerin? Unterstreiche die entsprechenden Satzteile.*

1. Auf dem Weg zu ihrem Freund:
   *ich freute mich / ich hatte Angst / ich war gespannt / ich war deprimiert / ich war überglücklich / ich war nervös / ich war todtraurig / ich war sehr selbstsicher*

2. Nachdem sie den Zettel gelesen hatte:
   *ich konnte es einfach nicht fassen / ich hatte ja schon damit gerechnet / eigentlich fühlte ich gar nichts / es war wie ein Schock / ich beruhigte mich schnell / ich lief wie im Traum / ich fasste einen Plan*

**c)** *Formuliere den Hauptteil in deinem Heft aus.*

## Einen inneren Monolog verfassen

In der Prüfung könnte dir folgender Textausschnitt begegnen:

**Faust I**    *Johann Wolfgang Goethe*

   *Studierzimmer II*

   […] **Mephistopheles** Ich bin keiner von den Großen;

   Doch willst du mit mir vereint

   Deine Schritte durchs Leben nehmen,

5   So will ich mich gern bequemen,

   Dein zu sein, auf der Stelle.

   Ich bin dein Geselle,

   Und mach' ich dir's recht,

   Bin ich dein Diener, bin dein Knecht!

10   **Faust** Und was soll ich dagegen dir erfüllen?

   **Mephistopheles** Dazu hast du noch eine lange Frist.

   **Faust** Nein, nein! der Teufel ist ein Egoist

   Und tut nicht leicht um Gottes willen,

   Was einem andern nützlich ist.

15   Sprich die Bedingung deutlich aus;

   Ein solcher Diener bringt Gefahr ins Haus.

   **Mephistopheles** Ich will mich *hier* zu deinem Dienst verbinden,

   Auf deinen Wink nicht rasten und nicht ruhn;

   Wenn wir uns *drüben* wiederfinden,

20   So sollst du mir das Gleiche tun.

   **Faust** Das Drüben kann mich wenig kümmern;

   Schlägst du erst diese Welt zu Trümmern,

   Die andre mag darnach entstehn.

   Aus dieser Erde quillen meine Freuden,

25   Und diese Sonne scheinet meinen Leiden;

   Kann ich mich erst von ihnen scheiden,

   Dann mag, was will und kann, geschehn. […]

   **Mephistopheles** In diesem Sinne kannst du's wagen.

   Verbinde dich; du sollst, in diesen Tagen,

30   Mit Freuden meine Künste sehn,

   Ich gebe dir, was noch kein Mensch gesehn.

   **Faust** Was willst du armer Teufel geben?

   Ward eines Menschen Geist, in seinem hohen Streben,

   Von deinesgleichen je gefasst?

35   Doch hast du Speise, die nicht sättigt, hast

   Du rotes Gold, das ohne Rast,

Quecksilber gleich, dir in der Hand zerrinnt,
Ein Spiel, bei dem man nie gewinnt,
Ein Mädchen, das an meiner Brust
40  Mit Äugeln schon dem Nachbarn sich verbindet,
Der Ehre schöne Götterlust,
Die, wie ein Meteor, verschwindet.
Zeig mir die Frucht, die fault, eh' man sie bricht,
Und Bäume, die sich täglich neu begrünen!
45  **Mephistopheles** Ein solcher Auftrag schreckt mich nicht,
Mit solchen Schätzen kann ich dienen.
Doch, guter Freund, die Zeit kommt auch heran,
Wo wir was Guts in Ruhe schmausen mögen.
**Faust** Werd' ich beruhigt je mich auf ein Faulbett legen,
50  So sei es gleich um mich getan!
Kannst du mich schmeichelnd je belügen,
Dass ich mir selbst gefallen mag,
Kannst du mich mit Genuss betrügen,
Das sei für mich der letzte Tag!
55  Die Wette biet' ich!
**Mephistopheles** Topp!
**Faust** Und Schlag auf Schlag!
Werd' ich zum Augenblicke sagen:
Verweile doch! du bist so schön!
60  Dann magst du mich in Fesseln schlagen,
Dann will ich gern zugrunde gehn!
Dann mag die Totenglocke schallen,
Dann bist du deines Dienstes frei,
Die Uhr mag stehn, der Zeiger fallen,
65  Es sei die Zeit für mich vorbei! [...] *

Zu diesem Text könnte dir folgende Aufgabe gestellt werden.

*Mephisto betrachtet das Geschehen um die Wette mit Faust rückblickend. Versetze dich in die Lage von Mephisto. Schreibe einen ausführlichen inneren Monolog, der Mephistos Wahrnehmungen, Gedanken und Gefühle widerspiegelt.*

Bearbeite folgende Aufgaben, mit deren Hilfe du dir einen Lösungstext erarbeiten kannst.

**1** *Untersuche die Aufgabenstellung genau.*
   **a)** *Unterstreiche die Schlüsselwörter.*
   **b)** *Gib die Aufgabenstellung mit eigenen Worten wieder.*

**2** *Lies den Text aktiv. Nutze die Infos auf der vorderen inneren Umschlagseite.*

**3** *Sammle und ordne deine Schreibideen. Ergänze das folgende Cluster.*

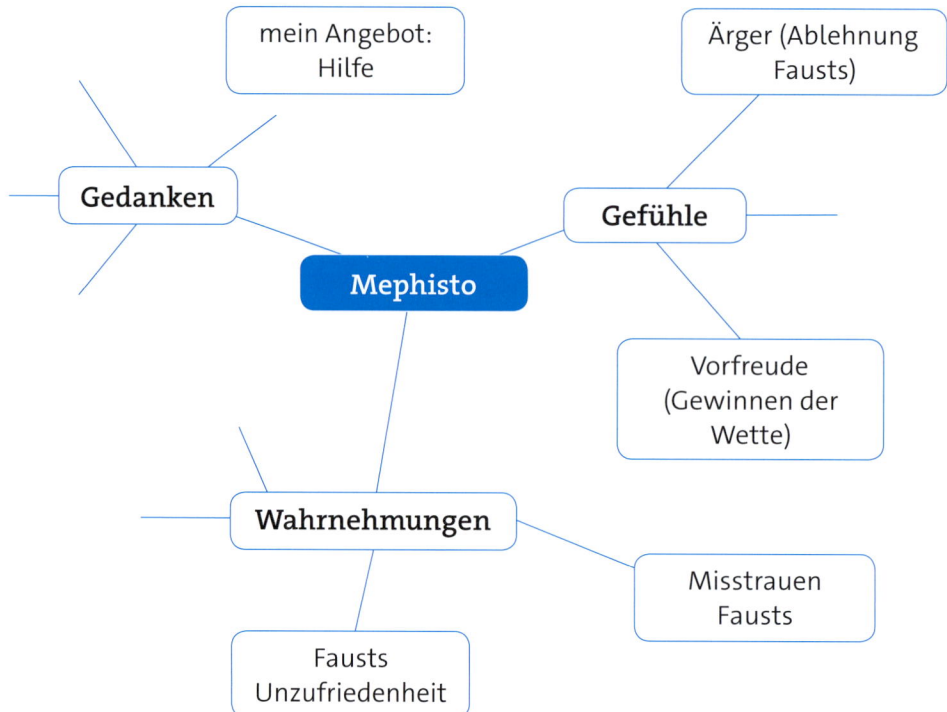

In deinem Lösungstext formulierst du deine Schreibideen aus. Achte auf unterschiedliche Satzanfänge und verwende abwechslungsreiche Verben und Adjektive. Setze dich in Aufgabe 4 mit einem Schülertext auseinander.

**4** **a)** *In folgenden Sätzen aus Mephistos Monolog fehlen Begriffe. Setze passende Ausdrücke in die Lücken. Wähle aus den Begriffen unten.*

_____ habe ich Faust meine Hilfe zugesagt, ich weiß es noch

_____ . Ich habe ihm angeboten, dass ich ihm diene und zur Stelle bin,

_____ er mich braucht. _____ als „Diener" habe ich

mich selbst bezeichnet. Das ist doch nicht wenig! Ich finde, er hätte sich etwas mehr darüber freuen

können, dass ihm so etwas _____ angeboten wird. Das passiert

_____ nicht jeden Tag.

sogar • an diesem Tag • schließlich • Einzigartiges • wie heute • wann immer

**b)** *Folgender Teil von Mephistos Monolog muss korrigiert werden. Er besteht nur aus kurzen Hauptsätzen. Verbessere den Stil,*
– *indem du Satzreihen oder Satzgefüge formulierst,*
– *indem du direkte Rede in indirekte Rede umwandelst,*
– *indem du abwechslungsreiche Satzanfänge formulierst.*
– *indem du die Sätze erweiterst und ausschmückst.*

*Er war misstrauisch. Er wollte wissen, was er dafür im Gegenzug tun muss. Er unterstellte mir: „Du bist eine Gefahr. Du willst mir Böses." Das hat mich geärgert. Kann man nicht erst mal zuhören? Was sagt der andere überhaupt? Hatte ich ihm Anlass zu diesem großen Misstrauen gegeben?*

_____

_____

_____

_____

_____

_____

_____

**5** *Schreibe nun den ganzen Text in dein Heft. Nutze dabei die Ergebnisse aus den Aufgaben 3 und 4.*

**Info**

Der **innere Monolog** ist keine eigenständige Textsorte, er kommt im Handlungsverlauf von Geschichten, Romanen oder Dramentexten zum Einsatz und gibt die **Gedankenwelt der handelnden Person** wieder. Den Wortlaut des Monologs brauchst du nicht in Anführungszeichen zu setzen. Du benötigst keine einleitenden Worte, man ist sofort mittendrin in der Gedankenwelt eines Menschen. Beende deinen Monolog mit einem abschließenden Gedanken (Zusammenfassung, Ausblick oder Frage).

**6** *Überarbeite deinen Text mithilfe der folgenden Checkliste.*

**Checkliste**

| | | ja | nein |
|---|---|---|---|
| **1** | Habe ich in der **Ich-Form** geschrieben? | ☐ | ☐ |
| **2** | Habe ich das **Präsens** benutzt (außer wenn über Vergangenes gesprochen wird)? | ☐ | ☐ |
| **3** | Habe ich beachtet, dass die Figur nicht nur eine Handlung nacherzählt, sondern ihre **Gedanken**, **Gefühle**, und **Wahrnehmungen** äußert? | ☐ | ☐ |
| **4** | Habe ich die Gedankenwelt der Figur **abgeleitet von den Verhaltensweisen** dieser Figur? | ☐ | ☐ |
| **5** | Habe ich den **Grundcharakter** der Figur unverändert gelassen? | ☐ | ☐ |
| **6** | Habe ich auch **Gründe für die Denkweisen und Überlegungen** eingefügt, um die Innenwelt nachvollziehbar zu machen? | ☐ | ☐ |
| **7** | Habe ich **passendes Wortmaterial** verwendet (Adjektive, Metaphern, Vergleiche)? | ☐ | ☐ |
| **8** | Gibt es einen **roten Faden** in der Gedankenführung? | ☐ | ☐ |
| **9** | Stellt sich die Figur auch **Fragen**? | ☐ | ☐ |
| **10** | Driften die Worte der Figur nicht ins Verletzende oder Beleidigende oder gar in Jugendjargon ab? | ☐ | ☐ |

# Musterprüfungen

## Erster Prüfungsteil: Textverständnis

___ / 20 BE

### Sachtext

*Lesen Sie den Text „Vergiss es!" und lösen Sie folgende Aufgaben. Für die korrekte Rechtschreibung und Grammatik im ersten Prüfungsteil werden maximal 2 BE erteilt.*

**„Vergiss es!"**  *Rafaela von Bredow, Dietmar Hipp*

Ein falscher Klick reicht, und schon landet Intimstes im Internet, sichtbar, abrufbar und – für immer. Denn das Gedächtnis des Netzes ist grenzenlos und unauslöschlich. Nutzer wün-
5  schen sich einen digitalen Radiergummi, For-scher fordern ein Verfallsdatum für private Daten.

„xxxxxx", vertraut die junge Mitarbeiterin der Nürnberger Arbeitsagentur ihrer Kollegin an. „xxxxxx", klagt sie. Die Freundin tröstet,
10  schimpft: „xxxxxx." So fliegen die Mails hin und her zwischen den beiden Fränkinnen an jenem Junitag, sie berichten sich ihre abendlichen Abenteuer, plaudern über ihre Männer und Ex-Lover. Dann passiert es: Eine der beiden vertippt
15  sich in der Adresszeile. Sie erwischt den ganz großen Verteiler. In den folgenden Sekunden er-scheint das intime Duett auf den Bildschirmen aller Kollegen, wenig später kann die ganze Welt mitlesen. Drei Jahre danach hat sich der Schrift-
20  verkehr verbreitet wie eine Pandemie, wird im-mer noch verlinkt, kopiert, verschickt.

Er wird für immer im Netz bleiben. Denn das Internet vergisst nichts. Emsig speichert es noch den mattesten Fußabdruck des flüchtigs-
25  ten Nutzers. Anders als das menschliche Gehirn sortiert es die eingehende Information nicht nach Bedeutungsgehalt; mit stählerner Uner-bittlichkeit rafft die große Erinnerungsmaschi-ne alles auf, was kommt, verleibt es sich ein und
30  lässt es nicht mehr los. Besonders gut funktio-niert das, wenn es um Sex geht oder um Promi-nenz – am besten um beides. Das merkt in die-sen Tagen auch das Golf-Idol Tiger Woods, seit Neuestem verschrien als notorischer Fremdge-
35  her. Jeder, der will, kann im Internet eine angeb-liche Warnung des Sportlers auf dem Anrufbe-antworter einer Geliebten mithören: „Meine Frau hat mein Telefon durchsucht und könnte dich anrufen." Die Audiodatei ist überall, inzwi-
40  schen sogar schon als boshaftes Musikstück

„Slow Jam Remix" auf YouTube. Es hat sich ein-gebrannt ins Internetgedächtnis.

Niemals zuvor konnte ein einzelner Mensch in so kurzer Zeit vor solch einem gigantischen Publikum so viel Ruhm erwerben – niemals
45  aber auch so tief fallen. Und nie zuvor konnte er sich so sicher sein, dass er für immer am Pranger stehen wird. Ein neuer Job, Umzug, Auswandern – die alten Fluchten retten nicht mehr. „Weil es in der digitalen Welt kein Vergessen gibt, gibt es
50  auch kein Verzeihen", sagt der österreichische Internetwissenschaftler Viktor Mayer-Schön-berger, der gerade eine Streitschrift gegen das Hypergedächtnis des digitalen Zeitalters ver-fasst hat: „Delete", „Löschen", heißt sein Buch.
55  Löschen! Eine Schaltfläche, die mich warnt vor jeder Website, auf der ich auftauche, die fragt: Möchtest du diesen Inhalt entfernen? Das wäre der Cyberhimmel für die Opfer des Ewigkeits-speichers im Netz, für die Freundinnen von der
60  Nürnberger Arbeitsagentur. Welche Möglich-keit sonst bliebe der Abiturientin Sarah J., die als 13-Jährige ein Foto ihres Popos im kurzen Jeans-röckchen in einem sozialen Netzwerk veröffent-lichte, an das sie jetzt nicht mehr herankommt?
65  Sie fürchtet, dass ihre kindliche Freizügigkeit künftige Personalchefs abschreckt.

Immer mehr Leute kommunizieren Priva-tes via Internet, immer mehr Intimes twittern sie übers Handy. Ein großer Teil der 54 Millionen
70  deutschen Internetnutzer füttert das Netz mit persönlichen Informationen. Sie tun so, als ver-wehten all ihre elektronisch übermittelten Bli-cke, Seufzer, Schimpfkanonaden im Äther. In Wahrheit speichern sie sie auf einem giganti-
75  schen Cyber-Recorder. Mit der Zahl der Opfer wachsen auch die Bestrebungen, das Gedächt-nis des Internets mit Demenz zu belegen. Pro-grammierer entwickeln Software, die Daten
80  über die Zeit verrotten lässt. Eine ganz neue

Branche, die selbst ernannten Retter des guten Rufs, tilgt verleumderische Fotos und Texte von den Websites. Und Vordenker wie Mayer-Schönberger entwickeln Ideen, wie die Gesellschaft dem Netz gleich eine ganz neue Erinnerungskultur verpassen könnte. „Es ist ja nicht die Technik, die den Niedergang des Vergessens erzwingt", sagt der Forscher, der an der National University of Singapore lehrt. „In Wahrheit sind wir es, die entscheiden, ob wir diese Zukunft wollen, die uns zum Erinnern zwingt." Bleibt jetzt nur noch, sich in digitaler Abstinenz zu üben? Muss eine 16-Jährige darauf verzichten, ihr Profil in einem sozialen Netzwerk mit einem Porträtfoto zu garnieren, weil sie fürchten muss, dass ein enttäuschter Lover es später auf einen nackten Torso pflanzen und um die Welt schicken könnte? „Würden wir uns empfehlen, keine Briefe mehr zu schreiben", fragt der „Delete"-Autor Viktor Mayer-Schönberger, „bloß weil sie irgendwann gegen uns verwendet werden können?" Wenn alle sich konsequent beschränkten, „würden die sozialen Netzwerke verarmen, auch große Gemeinschaftsprojekte wie Wikipedia".

Sein Alternativvorschlag: „Wir sollten unsere Daten dem Vergessen anheimgeben. Wie das gesprochene Wort." Vergessen nicht als Makel, sondern als Tugend – so sieht es Mayer-Schönberger. Ohne das Vergessen komme der Mensch nicht mit seinem Leben klar, verharre im Gestern. Um diese urmenschliche Kultur dem Internet einzupflanzen, müssten die Nutzer allen Informationen, die sie speichern oder hinaus in den Cyberspace schicken, ein Verfallsdatum auferlegen – wie bei einer Wurst, die irgendwann schlecht wird. Diese Idee verfolgen auch Programmierer an der University of Washington in Seattle. Sie sind dabei, eine kryptografische Software namens „Vanish" zu entwickeln, die Daten rosten lassen soll, nach dem Zeitplan ihres Schöpfers. Selbst der ursprüngliche Empfänger – der Ex-Freund etwa – käme dann nicht mehr heran an die sexy Fotos; sie sind still verblichen. „Wo es nottut", sagt Frank Rieger, „wird bereits heute gelöscht." Automatisch geschieht dies etwa bei Erotiktreffs im Netz oder bei wilden Diskussionsforen aggressiv Pubertierender. Wer will, entkommt sogar den kommerziellen Datenkraken. Googles Spürhunde lassen sich leicht von der eigenen Website aussperren; Cookies lassen sich löschen; ein Programm namens „Tor" kaschiert jede Anfrage an Websites, indem es sie zuvor durch mehrere Server leitet. Für Mayer-Schönberger sind solche Schutzmaßnahmen aber keine Lösung: zu technisch. Er will mehr, er will, dass der Mensch sich wieder auf seine eigentliche Erinnerungskultur besinnt. „Dazu müsste sich jeder Einzelne immer wieder bewusst damit beschäftigen, wie lange er welche Information aufbewahren will." Mayer-Schönberger stellt sich eine Dialogbox vor, die beim Speichern von nun an auch abfragt, ob die Datei zum Beispiel fünf Tage halten soll, einen Monat oder fünf Jahre. Und dann verpufft die Liebesmail vor den Augen des beglückten Empfängers im Nichts? „Er kann sie doch genießen, wie zuckersüßen Zuckerguss", sagt der Österreicher und kichert, „ist doch schön!"

Doch vielleicht sind es nur Rückzugsgefechte der Generation 40 plus, die solche Debatten antreiben. Die „Digital Natives" jedenfalls, die Eingeborenen der Digitalwelt, sind längst viel weiter. So beobachtet Frank Rieger, dass sich eine „komplexe und sehr nuancierte Struktur von Sozialverhalten" entwickle. „Mehr und mehr setzt sich die Norm durch, eben keine Saufbilder von Kumpels zu posten", sagt er, auch auf Partnersuche im Netz gebärdeten sich die Geübten wie Profis; selten noch gebe jemand vorschnell Bilder oder gar seine Identität preis. Falsche Identitäten sind ohnehin der sicherste Weg, das Gedächtnis des Internets zu verwirren. Die Netzbürgerin von morgen schreibt unter dem Pseudonym „Besserwisser" einen Zusatz zu einem Wikipedia-Artikel; über ihre Facebook-Seite schickt sie der Freundin in New York Impressionen der angesagten Vernissage in der Hauptstadt; alsdann verfasst sie unter dem Namen „Rabenaas" einen bösen Blog über die neuesten Gesetzespläne zum Aushorchen der Bürger. Und da sie all diese Aktivitäten nie miteinander verlinkt, wird die große Welterinnerungsmaschine nichts anfangen können mit den Spuren, die sie auf den Speichern in aller Welt hinterlässt.

„Das digitale Leben verlangt Pseudonyme", sagt Frank Rieger. „Anonymität ist ein Bestandteil der Freiheit des Internets." Wer das begriffen habe, könne sich unbeschwert bewegen in dieser Welt. „Die ganz Jungen schaffen es sogar, bei ‚World of Warcraft' zu flirten!", sagt Rieger und schüttelt den Kopf wie ein Alter. Zarte Liebesbande knüpfen als Ork-Schamane und Nachtelfenjägerin – das ist sogar dem Internet-Insider fremd. Aber er ist ja auch schon 38. *

*Nach: Der Spiegel 51/2009 (S. 123 ff.)*

**1** *Notieren Sie die Textsorte des vorliegenden Textes.*                                    ___ / 1 BE

> Inhaltsangabe • Rezension • Zeitungsartikel • Interview

_____

**2** *Kreuzen Sie die richtige Aussage an. Es gibt jeweils nur eine richtige Lösung.*      ___ / 3 BE

a) In Deutschland gibt es

☐ 54 Millionen Nutzer, die Privates anderer Leute weiterverschicken.
☐ 54 Millionen Internetopfer.
☐ 54 Millionen Internetnutzer, von denen viele auch Privates ins Netz stellen.

b) Der Text vergleicht das Internet mit dem menschlichen Gehirn. Es wird gesagt, dass

☐ das Internet, anders als das Gehirn, Unwichtiges nicht aussortiert.
☐ das Internet wie das Gehirn wichtige von unwichtigen Informationen unterscheidet.
☐ das Internet die Informationen besser aufnehmen kann als das Gehirn.

c) Der Internetwissenschaftler Viktor Mayer-Schönberger lehrt an der National University in

☐ Seattle.   ☐ Singapur.
☐ Nürnberg.

**3** *Schreiben Sie die Satzanfänge ab und vervollständigen Sie diese auf der Grundlage des Textes.*      ___ / 2 BE

**a)** *Die ganze Welt konnte die intimen Mails zweier Nürnbergerinnen lesen, weil*

_____

**b)** *Die von Programmierern entwickelte Software „Vanish" ermöglicht es, dass*

_____

**4** *Erklären Sie mit Informationen aus dem Text, was die Autoren unter „eigentliche(r) Erinnerungskultur" (Z. 136 f.) verstehen.*

_____

_____

_____      ___ / 2 BE

**5** *Welche der folgenden Aussagen sind richtig?* ___ / 2 BE
*Kreuzen Sie die richtige Antwort an.*

„Digital Natives" sind
A   Menschen, die als eine Art Schutzpolizei im Netz fungieren und verdächtige Inhalte löschen.
B   Eingeborene einer Insel ohne Internet.
C   junge Menschen, die mit Internet und anderen digitalen Medien aufgewachsen sind.
D   Menschen, die meist geschickter mit dem Internet umgehen als andere.

*Kreuzen Sie die richtige Antwort an.*

☐ Alle Antworten A–D stehen im Text.                ☐ Nur B und D stehen im Text.
☐ Nur A, C und D stehen im Text.                     ☐ Nur C und D stehen im Text.

**6** *Zitieren Sie zwei Textstellen, die belegen, dass sich Privates oder Intimes durch einen kleinen*
*Fehler schnell öffentlich im Internet befinden kann.* ___ / 2 BE

_____

_____

_____

**7** *Der Text nennt Maßnahmen, die dafür sorgen, dass Informationen nicht unerwünscht lange*
*im Netz bleiben. Erläutern Sie eine dieser Maßnahmen anhand von einem Textbeispiel.* ___ / 3 BE

_____

_____

_____

_____

_____

**8** *„Junge Menschen bewegen sich heutzutage im Netz verantwortungsvoll."*
*Stimmen Sie dieser Aussage zu oder lehnen Sie sie ab? Begründen Sie Ihre Meinung anhand*
*eines Beispiels aus dem Text.* ___ / 3 BE

_____

_____

_____

_____

_____

**Rechtschreibung und Grammatik** ___ / 2 BE

# Literarischer Text – Auszug aus einem Jugendbuch

**Bei August zu Hause**   *Raquel J. Palacio*

*August ist 15 Jahre alt und seit seiner Geburt durch einen genetischen Defekt im Gesicht vollkommen entstellt. Nachdem er zunächst zu Hause unterrichtet wurde, besucht er nun die Schule, wo ihm die verschiedensten Gefühle entgegenschlagen. Der Roman „Wunder" wird aus verschiedenen Perspektiven erzählt. Im folgenden Textauszug berichtet Augusts Klassenkamerad Jack von einem Besuch bei August. August hatte Jack für einen guten Freund gehalten, bis er durch eine Bemerkung an Halloween von ihm tief verletzt wurde. Nun geht es darum, dass sich die beiden Jungen einander wieder annähern.*

Es war bereits Mitte Januar, und wir hatten uns immer noch nicht entschieden, was für ein Projekt wir für den Naturwissenschaftstag erarbeiten wollten. Ich nehme an, ich zögerte es hin- 5 aus, weil ich einfach keinen Bock drauf hatte. Schließlich sagte August: „Wir müssen das jetzt machen, Mann." Also gingen wir nach dem Unterricht zu ihm nach Hause.

Ich war total nervös, denn ich wusste nicht, 10 ob August seinen Eltern je von dem erzählt hatte, was wir inzwischen nur noch die Halloween-Sache nannten. Es stellte sich allerdings heraus, dass sein Dad gar nicht zu Hause war und seine Mom gerade Einkäufe erledigte. Nach den zwei 15 Sekunden, die ich mit ihr geredet habe, bin ich mir ziemlich sicher, dass Auggie nie auch nur ein Wort davon erwähnt hat. Sie war nämlich total cool und freundlich zu mir.

Als ich zum ersten Mal Augusts Zimmer be- 20 trat, entfuhr mir bloß: „Whoa, Auggie, du hast ja echt ne ernsthafte *Star-Wars*-Sucht."

Er hatte Regale voller *Star-Wars*-Modelle, und ein riesiges *Das-Imperium-schlägt-zurück*-Plakat hing an der Wand. „Ja, ich weiß", lachte er.

Er setzte sich auf einen Bürostuhl mit Rol- 25 len neben seinem Schreibtisch, und ich ließ mich auf einen Sitzsack in der Ecke fallen. In diesem Moment kam sein Hund in den Raum hereingeschlendert und direkt auf mich zu.

„Der war auf eurer Weihnachtskarte!", sag- 30 te ich und ließ den Hund an meiner Hand schnüffeln.

„Sie", verbesserte er mich. „Daisy. Du kannst sie streicheln. Sie beißt nicht." [...]

„Ich hätte auch gern einen Hund", sagte ich. 35 „Meine Eltern finden unsere Wohnung zu klein." Ich fing an, mir den Kram in seinem Zimmer anzuschauen, während er den Computer hochfuhr. „Hey, du hast eine Xbox 360? Können wir mit der spielen?" 40

„Wir sind hier, um an dem Wissenschaftsprojekt zu arbeiten, Mann."

„Hast du *Halo*?"

„Klar hab ich *Halo*."

„Können wir das nicht bitte spielen?" 45

Er hatte sich auf der Beecher-Website eingeloggt, scrollte die Seite von Miss Rubin herunter und ging die Liste der Wissenschaftsprojekte durch. „Kannst du von da aus was sehen?", fragte er. 50

Ich seufzte und setzte mich auf einen kleinen Hocker direkt neben ihn.

„Cooler iMac", sagte ich.

„Was für einen Computer hast du?"

„Alter, ich hab ja nicht mal ein eigenes Zim- 55 mer und schon gar keinen eigenen Computer. Meine Eltern haben diesen uralten Dell, und der ist praktisch schon tot."

„Okay, wie wär's damit?", sagte er und drehte den Monitor in meine Richtung, damit ich 60 auch hinsah. Ich überflog kurz den Bildschirm, und vor meinen Augen fing im wahrsten Sinne des Wortes alles an zu verschwimmen.

„Eine Sonnenuhr bauen", sagte er. „Klingt doch cool." 65

Ich lehnte mich zurück. „Können wir nicht einfach einen Vulkan machen?"

„Alle machen Vulkane."

„Klar, weil's einfach ist", sagte ich und streichelte wieder Daisy.

„Wie wär's damit: Wie man aus Magnesi-
umsulfat Eiskristalle macht."

„Klingt langweilig", antwortete ich. „Warum hast du sie Daisy genannt?"

Er schaute nicht vom Bildschirm auf. „Meine Schwester hat ihr den Namen gegeben. Ich
wollte sie Darth nennen. Also, genau genommen heißt sie mit vollem Namen Darth Daisy,
aber so haben wir sie eigentlich nie genannt."

„Darth Daisy! Das ist witzig! Hi, Darth Daisy!", sagte ich zu der Hündin, die sich wieder auf
den Rücken drehte, damit ich ihr den Bauch
streichelte.

„Okay, das hier ist es", sagte August und
deutete auf den Monitor und ein Bild von einem
Haufen Kartoffeln, aus denen Kabel ragten. „Wie
man aus einer Kartoffel eine biologische Batte-
rie herstellt. Das ist doch cool. Hier steht, man
könnte damit sogar eine Lampe antreiben. Wir
könnten sie die Knollenlampe nennen oder so.
Was meinst du?"

„Das klingt viel zu schwer, Mann. Du weißt
doch, ich bin total schlecht in Naturwissenschaft."

„Quatsch, stimmt doch gar nicht."

„Stimmt wohl! In meinem letzten Test hatte ich 54 Prozent. Ich bin total schlecht in Naturwissenschaft."

„Nein, bist du nicht. Und das lag auch nur
daran, dass wir uns noch nicht wieder vertragen
hatten und ich dir nicht geholfen habe. Jetzt
kann ich dir helfen. Das ist ein gutes Projekt,
Jack. Das müssen wir machen."

„Na gut, meinetwegen." Ich zuckte mit den
Schultern.

In dem Moment klopfte es an der Tür. Eine
Teenagerin mit langem, dunklem, welligem
Haar steckte ihren Kopf ins Zimmer. Sie war
nicht darauf gefasst, mich zu sehen.

„Oh, hey", sagte sie zu uns beiden.

„Hey, Via", sagte August und schaute wieder auf den Computerbildschirm. „Via, das ist
Jack. Jack, das ist Via."

„Hey", sagte ich und nickte.

„Hey", sagte sie und sah mich aufmerksam
an. In der Sekunde, als Auggie meinen Namen
sagte, wusste ich, dass er ihr von dem Kram erzählt hatte, den ich über ihn gesagt hatte. Ich
merkte es an der Art, wie sie mich anschaute.
Bei dem Blick, den sie mir zuwarf, hätte man sogar fast meinen können, sie würde sich noch an
mich und den Tag vor der Eisdiele auf der Ames-
fort Avenue vor all den Jahren erinnern.

„Auggie, ich möchte dir einen Freund vorstellen, okay?", sagte sie. „Er kommt in ein paar
Minuten rüber."

„Bist du in den verknallt?", fragte August,
um sie zu ärgern.

Via trat gegen die Sitzfläche seines Stuhls.
„Sei einfach nur nett", sagte sie und verließ den
Raum.

„Mann, deine Schwester ist heiß", sagte ich.

„Ich weiß."

„Sie hasst mich, oder? Hast du ihr von der
Halloween-Sache erzählt?"

„Ja."

„Ja – sie hasst mich? Oder, ja – du hast ihr
von Halloween erzählt?"

„Beides." *

**1** Notieren Sie, aus welchem Anlass August und Jack zusammenkommen. ___ / 1 BE

_____

_____

**2** Beschreiben Sie Jacks Gefühle vor seinem Besuch bei August. ___ / 1 BE

_____

_____

_____

**3** Belegen Sie am Text, dass Jacks Angst vor Augusts Eltern unbegründet ist. ___ / 2 BE

_____

_____

_____

_____

_____

**4** Welche Angaben zu Jack sind richtig, welche falsch? Kreuzen Sie an. ___ / 2 BE

|  | richtig | falsch |
|---|---|---|
| a) Jack hat eine Abneigung gegenüber dem Fach Naturwissenschaften. | ☐ | ☐ |
| b) Jack stammt aus wohlhabenden Verhältnissen. | ☐ | ☐ |
| c) Mit seinen Arbeiten macht Jack es sich einfach. | ☐ | ☐ |
| d) Jack liebt Computerspiele. | ☐ | ☐ |

**5** Wie heißt die Schule von August und Jack? Unterstreichen Sie den richtigen Namen. ___ / 1 BE

> Beecher • Junior Middle School • Breacher • Preacher School

**6** Notieren Sie, mit welcher Absicht August die Webseite der Schule besucht. ___ / 1 BE

_____

_____

**7** Wieso spricht Jack davon, August habe eine „ernsthafte Star-Wars-Sucht" (Z. 21)? Nennen Sie zwei Anzeichen, die dafürsprechen. ___ / 2 BE

– _____

– _____

**8** Erklären Sie, was das Besondere an der Lampe ist, die August und Jack für ihr Projekt bauen wollen. ___ / 2 BE

_____

_____

**9** Die Jungen haben eine unterschiedliche Einstellung zum Lernen. Wo zeigt sich das in ihrem Verhalten? Notieren Sie zwei Textbelege. ___ / 2 BE

August: _____

_____

Jack: _____

_____

**10** Entscheiden Sie, welche der folgenden Aussagen zu Augusts Schwester Via richtig und welche falsch sind. Kreuzen Sie an. ___ / 2 BE

| | richtig | falsch |
|---|---|---|
| a) Zu ihrem Bruder hat sie ein freundschaftliches Verhältnis. | ☐ | ☐ |
| b) Via hat langes, blondes Haar. | ☐ | ☐ |
| c) Sie mag Jack nicht sehr gern. | ☐ | ☐ |
| d) Via lebt in einem Zimmer mit ihrem Bruder. | ☐ | ☐ |

**11** Beschreiben Sie, wie Jack versucht, die Arbeit am Naturwissenschaftsprojekt zu „unterwandern" und hinauszuzögern. ___ / 2 BE

_____

_____

_____

**Rechtschreibung und Grammatik** ___ / 2 BE

# Literarischer Text – Gedicht

**Willkommen und Abschied (1789)**   *Johann Wolfgang Goethe*

Es schlug mein Herz, geschwind zu Pferde!

Es war getan fast eh gedacht.

Der Abend wiegte schon die Erde,

Und an den Bergen hing die Nacht;

5  Schon stand im Nebelkleid die Eiche,

Ein aufgetürmter Riese, da,

Wo Finsternis aus dem Gesträuche

Mit hundert schwarzen Augen sah.


Der Mond von einem Wolkenhügel

10  Sah kläglich aus dem Duft hervor,

Die Winde schwangen leise Flügel,

Umsausten schauerlich mein Ohr;

Die Nacht schuf tausend Ungeheuer,

Doch frisch und fröhlich war mein Mut:

15  In meinen Adern, welches Feuer!

In meinem Herzen, welche Glut!

Dich sah ich, und die milde Freude

Floss von dem süßen Blick auf mich;

Ganz war mein Herz an deiner Seite

Und jeder Atemzug für dich.   20

Ein rosenfarbnes Frühlingswetter

Umgab das liebliche Gesicht,

Und Zärtlichkeit für mich – ihr Götter!

Ich hofft' es, ich verdient' es nicht!


Doch ach, schon mit der Morgensonne   25

Verengt der Abschied mir das Herz:

In deinen Küssen, welche Wonne!

In deinem Auge, welcher Schmerz!

Ich ging, du standst und sahst zur Erden

Und sahst mir nach mit nassem Blick:   30

Und doch, welch Glück, geliebt zu werden!

Und lieben, Götter, welch ein Glück!

**1** *Kreuzen Sie die richtige Aussage an. Es gibt jeweils nur eine richtige Lösung.* ___ / 4 BE

a) Das Gedicht spielt

☐ vom Morgen bis zum Abend.
☐ vom Abend bis zur Mitternacht.
☐ vom Abend bis zum nächsten Morgen.
☐ über drei Tage.

b) Das lyrische Ich ist in den ersten beiden Strophen folgendermaßen unterwegs:
☐ Es wandert.
☐ Es fliegt.
☐ Es reitet.

c) Das Thema der zweiten Strophe ist

☐ der Beschluss, loszureiten, um die Geliebte zu sehen.
☐ das nächtliche Gewitter.
☐ der Spuk nächtlicher Ungeheuer.
☐ der bedrohliche Ritt durch die nächtliche Landschaft.

d) In der dritten Strophe ist das lyrische Ich

☐ glücklich.　☐ gleichgültig.
☐ verhext.　☐ respektvoll.

**2** *Kreuzen Sie die richtige Aussage an. Es gibt jeweils nur eine richtige Lösung.* ___ / 3 BE

a) „schuf" (V. 13) bedeutet hier

☐ arbeitete hart　☐ kreierte/gestaltete　☐ wirkte　☐ verlangte

b) „zur Erden" (V. 29) bedeutet hier

☐ zu einem Globus　☐ nach unten　☐ zum Pferd　☐ in den Himmel

c) „mit nassem Blick" (V. 30) bedeutet hier

☐ verliebt schauend　☐ verträumt blickend　☐ vom Regen durchnässt　☐ mit Tränen

**3** *Deuten Sie die Metapher „Ein rosenfarbnes Frühlingswetter" (V. 21). Schreiben Sie vollständige Sätze.* ___ / 2 BE

_____

_____

**4** *Erlären Sie folgende Personifikationen aus dem Gedicht.* ___ / 4 BE

a) „Der Mond von einem Wolkenhügel/Sah kläglich aus dem Duft hervor" (V. 9 f.)

_____

_____

_____

b) „Schon stand [...] / Ein aufgetürmter Riese, da" (V. 5 f.)

_____

_____

_____

**5** *Zitieren Sie zwei Textstellen, die zeigen, dass das Gedicht den Zeitraum vom Abend bis zum nächsten Morgen umfasst.* ___ / 2 BE

_____

_____

_____

**6** „Goethe könnte mit seinem Gedicht ausdrücken wollen, dass Liebe die Menschen manchmal zu unvernünftigen Dingen verleitet. Allein das Gefühl, zu lieben und geliebt zu werden, ist die Mühe wert. Für ihn zählt allein die Liebe."

*Begründen Sie diese Aussage anhand von drei Textstellen.* ___ / 3 BE

_____

_____

_____

_____

_____

_____

**Rechtschreibung und Grammatik** ___ / 2 BE

# Zweiter Prüfungsteil: Textproduktion

___ / 30 BE

*Wählen Sie eine der folgenden Aufgaben 1 oder 2 aus.*

**1** In der Buchreihe „Intriganten des 18. Jahrhunderts" sollen die Machenschaften des Franz Moor aus Friedrich Schillers Drama „Die Räuber" ihren festen Platz finden. Er steht damit in einer Reihe mit all den Unmenschen, die sich auf Kosten von Leben und Gesundheit anderer profilieren und zu Macht gelangen wollten.

Erzählen Sie die Geschichte der Intrige des Franz Moor nach und verdeutlichen Sie in einem Nachwort, weshalb er es „verdient" hat, in eine solche Buchreihe aufgenommen zu werden.
Halten Sie sich an die Fakten der Handlung und wählen Sie eine auktoriale Erzählperspektive.

Schiller: „Die Räuber", Landestheater Altenburg, Probenfoto vom 01.10.2008

**2** *Der Neigungskurs „Zeitreise" möchte am Ende des Schuljahres seine Ausstellung „Licht und Dunkelheit – das Leben zur Zeit der Goldenen Zwanziger" präsentieren.*

*Zur Diskussion stehen Bilder bekannter Maler, alte Filmplakate und Lebensdarstellungen „normaler"
Leute, die nichts beschönigen, wie die von Kurt Schmidt in Erich Kästners Gedicht:*

### Kurt Schmidt, statt einer Ballade    *Erich Kästner*

Der Mann, von dem im weiteren Verlauf
die Rede ist, hieß Schmidt (Kurt Schm., komplett).
Er stand, nur sonntags nicht, früh 6 Uhr auf
und ging allabendlich Punkt 8 zu Bett.

5  10 Stunden lag er stumm und ohne Blick.
4 Stunden brauchte er für Fahrt und Essen.
9 Stunden stand er in der Glasfabrik.
1 Stündchen blieb für höhere Interessen.

Nur sonn- und feiertags schlief er sich satt.
10  Danach rasierte er sich, bis es brannte.
Dann tanzte er. In Sälen vor der Stadt.
Und fremde Fräuleins wurden rasch Bekannte.

Am Montag fing die nächste Strophe an.
Und war doch immerzu dasselbe Lied!
15  Ein Jahr starb ab. Ein andres Jahr begann.
Und was auch kam, nie kam ein Unterschied.

Um diese Zeit war Schmidt noch gut verpackt.
Er träumte nachts manchmal von fernen Ländern.
Um diese Zeit hielt Schmidt noch halbwegs Takt.
20  Und dachte: Morgen kann sich alles ändern.

Da schnitt er sich den Daumen von der Hand.
Ein Fräulein Brandt gebar ihm einen Sohn.
Das Kind ging ein. Trotz Pflege auf dem Land.
(Schmidt hatte 40 Mark als Wochenlohn.)

25  Die Zeit marschierte wie ein Grenadier.
In gleichem Schritt und Tritt. Und Schmidt lief mit.
Die Zeit verging. Und Schmidt verging mit ihr.
Er merkte eines Tages, dass er litt.

Er merkte, dass er nicht alleine stand.
30  Und dass er doch allein stand, bei Gefahren.
Und auf dem Globus, sah er, lag kein Land,
in dem die Schmidts nicht in der Mehrzahl waren.

So war's. Er hatte sich bis jetzt geirrt.
So war's, und es stand fest, dass es so blieb.
Und er begriff, dass es nie anders wird.     35
Und was er hoffte, rann ihm durch ein Sieb.

Der Mensch war auch bloß eine Art Gemüse,
das sich und dadurch andre ernährt.
Die Seele saß nicht in der Zirbeldrüse.
Falls sie vorhanden war, war sie nichts wert.     40

9 Stunden stand Schmidt schwitzend im Betrieb.
4 Stunden fuhr und aß er, müd und dumm.
10 Stunden lag er, ohne Blick und stumm.
Und in dem Stündchen, das ihm übrig blieb,
brachte er sich um.     45

*Schreiben Sie einen Lebensbericht, in dem Sie Licht und Schattenseiten in Kurt Schmidts Leben aufzeigen.
Entnehmen Sie dem Gedicht geeignete Informationen für Ihre Aufgabe.*

# Deutsch

# ABSCHLUSS-PRÜFUNGS-TRAINER

Realschulabschluss
Sachsen

## Lösungsteil

Erarbeitet von Inga Alkämper,
Thomas Brand, Hans-Joachim Gauggel,
Sven Grünes, Kerstin Haberkorn,
Claudia Heidenreich, Werner Heidenreich
und Volker Westerkamp

# Cornelsen

# 1. Übungen zum ersten Prüfungsteil: Textverständnis

## Einen Sachtext verstehen

### Seite 8

**2** Der Text informiert über die Verschmutzung der Weltmeere durch Plastikmüll und die davon ausgehenden Gefahren für Tiere und Menschen.

### Seite 9

**3** **a)+b)** *Individuelle Lösungen*

**4** Unter Müllstrudel versteht man die Tonnen an Plastikmüll, die jedes Jahr in den Meeren landen. Die kreisförmigen Meeresströmungen in der Mitte der Ozeane bilden dann Strudel, die den Müll aufnehmen und herumwirbeln. Der bekannteste Müllstrudel ist der „Great Pacific Garbage Patch" im Nordpazifik. (Z. 62–79)

**5** richtig: c)

**6** richtig: d)

**7** richtig: c)

**8**

|  | Folgen |
|---|---|
| Ernährung | Die Tiere verenden trotz voller Mägen. *Oder:* Die Tiere erleiden tödliche Verstopfungen. *Oder:* Die Tiere ersticken an zu großen Kunststoffteilchen. |
| Mobilität | Schildkröten verfangen sich in Sixpack-Haltern, ihr Panzer wird so eingezwängt, dass sie in ihrer Bewegung eingeschränkt werden. |

### Seite 10

**9** In 93% der Mägen von Eissturmvögeln wurden Plastikteile gefunden. Da sich der Eissturmvogel als Hochseevogel ausschließlich aus dem Meer ernährt, stammt das von ihm gefressene Plastik zweifelsfrei aus dem Meer.

**10** Die großen Müllreste sind ohnehin gut zu sehen. Die kleinen Plastikpartikel vermischen sich mit dem Sand der Küsten, sodass dieser gefärbt wird.

**11** Weil die Insel unbewohnt ist und damit auch kein Müllaufkommen verursacht wird, kann an der Menge des angespülten Mülls der Grad der Nordseeverschmutzung errechnet/abgelesen werden.

**12**

|  | Folgen |
|---|---|
| Schifffahrt | Blockierungen von Schiffs-schrauben/Zerstörung von Fischernetzen |
| Tourismus | Fortbleiben von Touristen/Kosten für die Säuberung der Strände |
| Landwirtschaft | Verschmutzung von Weideland |

**13** Die Aufforderung „Der Müll in den Meeren ist ein globales Problem und wir müssen handeln, um es zu lösen" ist nicht nur an die Wirtschaft und Industrie, sondern auch an die Politik und vor allem an die Bürger gerichtet.

### Seite 12

**2** **a)** Das Expeditionsschiff begann seine Reise am 08. August 1914 im englischen Hafen Plymouth.
**b)** Das Expeditionsschiff trug den Namen „Endurance".
**c)** Ein zweites Schiff mit dem Namen „Aurora" hatte die Aufgabe, das Schiff „Endurance" mit Proviant zu versorgen und Versorgungsdepots anzulegen.
**d)** Für die Expeditionsmannschaft wurden aus 5000 Bewerbern 56 Abenteuerlustigen die Zusage erteilt.

### Seite 13

**3** Shackleton wollte als Erster die Antarktis durchqueren. (Z. 23–24)

**4** Shackleton wollte mithilfe von Hunden und Motorschlitten quer durch den Kontinent bis zum Rossmeer gelangen. (Z. 27–30)

**❺**

| Ereignis auf Shackletons Expedition | Nummer |
|---|---|
| Aufbruch in England zur Expedition | 1 |
| Einfrieren des Expeditionsschiffes im Weddelmeer | 3 |
| Rettung der übrigen Mannschaft auf Elephant Island | 7 |
| Zwischenstopp auf der Insel South Georgia | 2 |
| Weiterfahrt in Rettungsbooten nach Elephant Island | 4 |
| Fußmarsch auf South Georgia zur Walfangstation | 6 |
| Überfahrt nach South Georgia | 5 |

**❻** 1. Maßnahme: Theateraufführungen gestaltet
2. Maßnahme: Fußballspiele auf dem Eis
3. Maßnahme: Schlittenhunderennen
4. Maßnahme: Geburtstagsfeiern

**❼** Die „Endurance" ging unter, weil sie im Eis festgefroren war. Je mehr sich das Eis verdichtete, umso mehr zerstörte es das Schiff.

## Seite 14

**❽**

| Ressourcen | Verwendungszweck |
|---|---|
| Fleisch | Ernährung |
| Fett | Brennstoff für Öfen |

**❾** richtig: b)

**❿** *So könnte deine Lösung aussehen:*
Ernest Shackleton kann auch heute noch als Legende der Polarforschung angesehen werden, da er als ersten die Antarktis durchquerte. Nicht nur auf ihrem Schiff, sondern auch mit Rettungsbooten und zu Fuß quälten sie sich durch den arktischen Sommer, bis sie die Walfangstation Thoralf Sørlle erreichten.
Zwar verlief die Expedition nicht reibungslos, dennoch konnten alle Expeditionsmitglieder lebend nach Hause zurückkehren.

**⓫** Besatzungen und Passagiere von Kreuzfahrtschiffen besuchen bei der Fahrt in die Antarktis sein Grab auf der Insel South Georgia.

## Eine Grafik auswerten

### Seite 15

**❶** Das Kreisdiagramm thematisiert den prozentualen Anteil der Unfallbeteiligten bei Fahrradunfällen innerhalb Deutschlands.

**❷** richtig: Kreisdiagramm

### Seite 16

**❸** richtig: in Prozent

**❹** a) Destatis
b) 2013

**❺** a) Pkw/Autos
b) 63%
c) sonstige Fahrzeuge, Kräder, Busse (je 1 bzw. 2 %)

**❻** Unter einem Alleinunfall versteht man, dass diese Unfälle von Radfahrern ohne Beteiligung anderer verursacht wurde, z.B. durch Unachtsamkeit, Ablenkung usw.

### Seite 17

**❼** a) Säulendiagramm
b) In der Grafik / Im Diagramm wird dargestellt, wie sich das Sicherheitsgefühl von Radfahrern im Straßenverkehr im Vergleich der Jahre 2009, 2011 und 2013 entwickelt hat.

**❽** richtig: b), d), e)

### Seite 18

**❾** a) Entwicklung der Unfallschwere bei Verkehrsunfällen mit Radfahrern
b) für die Jahre 2000 bis 2012
c) Kurvendiagramm

**❿**

| Achse | Maßeinheit |
|---|---|
| x-Achse | Jahr |
| y-Achse | Prozent |

**⓫** Unterschieden werden leicht- und schwerverletzte sowie getötete Personen.

## Seite 19

| Fragen | Antworten |
|---|---|
| a) Welche ausgewiesene Unfallschwere überwiegt bei den Radunfällen? | Leichtverletzte |
| b) In welchem Jahr war die Schwere der Radunfälle für alle Verletzungsarten am geringsten? | 2010 |
| c) Welche Tendenz lässt sich seit 2000 für umgekommene Radfahrer bei Unfällen feststellen? | Die Zahl der bei Radunfällen getöteten Personen hat (stark) abgenommen. |

**⑬ a)** Rund 90% der Kinder bis zum 10. Lebensjahr tragen immer einen Helm.
**b)** *Diese Antwort könntest du aufgeschrieben haben:*
Die Gruppe trägt fast immer einen Helm, weil die Eltern noch verstärkt darauf achten.
**c)** *Diese Antwort könntest du aufgeschrieben haben:*
Nur noch wenige Radfahrer ab dem 14. Lebensjahr tragen einen Helm, weil es nicht mehr „cool" ist und sie sich sicher fühlen.

## Einen Sachtext und eine Grafik auswerten

### Seite 21

**❸** *Diese Antwort könntest du aufgeschrieben haben:*
Der Text beschäftigt sich mit der Lebenszufriedenheit im Alter.

**❹** 1. Sinnabschnitt Z. 6–19
2. Sinnabschnitt Z. 20–24
3. Sinnabschnitt Z. 25–36
4. Sinnabschnitt Z. 37–48
5. Sinnabschnitt Z. 49–52
6. Sinnabschnitt Z. 53–72
7. Sinnabschnitt Z. 73 bis Ende

**❺** „Eine gute materielle Sicherung und Bildung sorgen für eine hohe Lebenszufriedenheit im Alter." (Z. 40–42)
„Wer Ärzte, pflegerische Hilfen und soziale Kontakte in seiner Nähe hat, altert zufriedener." (Z. 46–47)

## Seite 22

**❻** Glück kommt im Alter öfter vor als **Unzufriedenheit**. Heute fühlen sich in Deutschland 75-Jährige mindestens genauso wohl wie ein **40-Jähriger**. Zum Lebensumfeld zufriedener alter Menschen gehören eine **materielle Sicherung, Bildung, pflegerische Hilfen und soziale Kontakte in der Nähe**.

**❼** Es wird dargelegt, dass stark pflegebedürftige Menschen weniger Lebenszufriedenheit verspüren. So zeigt die Berliner Altersstudie auf, „dass die Kurve der Lebenszufriedenheit etwa vier Jahre vor dem Tod abknickt und dann unbarmherzig nach unten zeigt" (Z. 64–66).

**❽ b)** Die Erwerbsbevölkerung im Alter von 27 bis 67 Jahren wird zahlenmäßig abnehmen, aber die Anzahl der Pflegebedürftigen wird steigen. Zwischen 2010 und 2050 wird sich die Zahl der Pflegebedürftigen beinahe verdoppeln.

**❾** *Individuelle Lösungen*

## Einen literarischen Text verstehen

### Kurze epische Texte – Übungstext 1

### Seite 24

**❷** *Das könntest du aufgeschrieben haben:*
In der Erzählung geht es um eine Frau, die ihren Partner besuchen möchte und schon ganz aufgeregt ist, dieser sich jedoch mit einem zusammengefalteten Zettel an der Wand von ihr trennt.

**❸** *Individuelle Lösungen*

**❹** *Diese Lösungen hast du angekreuzt:*
**a)** eingehend prüfend anschauen
**b)** klingeln
**c)** sich vermischen
**d)** rutschen, gleiten

**❺**

| Handlungsschritte | Gefühle der Hauptfigur |
|---|---|
| Z. 1–16 | Sie fühlt sich sicher, ihr kann nichts passieren. |
| Z. 17–37 | Sie verhält sich übermütig. |
| Z. 38–46 | Sie ist aufgeregt, ängstlich und fröhlich zugleich. |
| Z. 47–67 | Sie ist enttäuscht und traurig. |

**Seite 25**

**6** Die überraschende Wendung besteht darin, dass auf einem Zettel an der Wand mit der Hauptfigur Schluss gemacht wird. (Z. 47–50)

**7** **a)** a) trifft zu
b) trifft nicht zu
c) trifft zu
d) trifft nicht zu

**b)** Die junge Frau ist gut gelaunt, obwohl die Leute fluchen, schimpfen und sie von Männern belästigt wird. Der junge Mann hat ihr einen Zettel geschrieben und in die Hauswand gesteckt, auf dem steht, dass er die Beziehung beenden möchte.

**Seite 26**

**8** „Mir ist alles so egal, ich fühle mich gut." (Z. 1)
„Ich hab keine Angst, setze mich einfach neben eine alte Frau, fühle mich sicher, mir kann nichts passieren!" (Z. 6–8)
„An der Ampel merke ich, dass ich zu laut singe." (Z. 17–18)

**9**

| Merkmale | trifft zu | Belege/Textbeispiele |
|---|---|---|
| a) Kürze des Textes | X | Der Text umfasst insgesamt 66 Zeilen. |
| b) unvermittelter Beginn | X | Die Kurzgeschichte beginnt, als die Hauptfigur auf die Bahn wartet. |
| c) kurzer Zeitraum | X | Die Kurzgeschichte beschreibt den Zeitraum vom Warten auf die Bahn bis die Hauptfigur an der Tür wieder umkehren muss. |
| d) offenes Ende | X | Es bleibt offen, wie es nach dem Warten auf die Bahn weitergeht. |
| e) alltägliche Sprache | X | Wenn sie ihr Umfeld beschreibt, verwendet sie eine alltägliche Sprache. |
| f) ein Geschehen | | Es werden mehrere Geschehen zu einem Ereignis erzählt. |

**Seite 27**

**10** **a)** *Mit diesen Begriffen könntest du deine Wortfelder gefüllt haben:*
**Sommer:** glücklich sein, Leichtsinn, Wärme, Sonne, Fröhlichkeit, gute Laune
**Schnee:** Kälte, schlechte Laune, frieren, Nässe, grau, weiß
**b)** *Individuelle Lösungen*

## Kurze epische Texte – Übungstext 2

**Seite 28/29**

**2** **a)** eine junge Frau
**b)** Kassiererin in einem Supermarkt
**c)** Romanhefte
**d)** am Bahnhof
**e)** Südsee-Romane
**f)** Sie verspotten sie.

**Seite 29**

**3** nicht legal

**4** Das bedeutet, dass sie sich vorstellt, wie der Roman weitergeht.

**5** Am liebsten liest sie **Südsee-Romane**. Diese Romanheftchen erscheinen **einmal in der Woche am Donnerstag**. Sie handeln von **Surfern**, einer **hawaiischen Prinzessin, hübschen amerikanischen Töchtern und mysteriösen Chinesen.**

**6** **a)** Lotto spielen
**b)** Sie spielt Lotto, weil sie hofft, dass sie irgendwann gewinnt und dann einen Urlaub an der Südsee machen kann.

**7** *Individuelle Lösungen*

## Lyrische Texte – Übungstext 1

**Seite 30**

**2** richtig: c)

**3** Die Autorin verwendet in jedem Vers „Du", um die Leserin / den Leser direkt anzusprechen.

## Seite 31

**4 a) Träume:** enden am Morgen
**Freizeit, Freunde:** tanzt zur Musik, andere spielen, liebst den Genuss
**Arbeit:** viele Schlösser an der Tür, handelst Verträge aus, liebst den Erfolg

**b)**

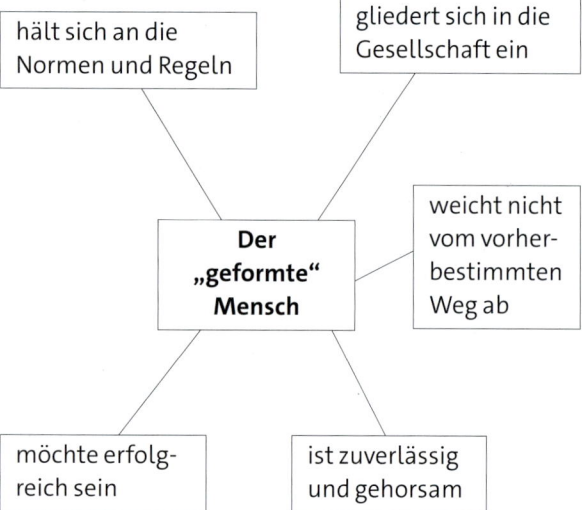

hält sich an die Normen und Regeln

gliedert sich in die Gesellschaft ein

Der „geformte" Mensch

weicht nicht vom vorherbestimmten Weg ab

möchte erfolgreich sein

ist zuverlässig und gehorsam

## Seite 32

**5 a)** richtig: b) Du bist zu bedauern.
**b)** *Das könnte deine Begründung sein:*
Antwort b) ist richtig, weil in dem Gedicht vermittelt wird, dass alle Menschen gleich sind. Sie werden von oben durch Regeln und Erwartungen geformt. Sie sollen alle erfolgreich sein und ihre „Nutzen" erfüllen.

**6** richtig: c)

**7 1. These:** Man ist nicht mehr man selbst.
**2. These:** Man ist gar kein Mensch mehr.

**8** *Diese Gründe könntest du aufgeschrieben haben:*
Der Mensch ist formbar, weil die Gesellschaft das von ihm verlangt. Kann man sich nicht eingliedern, wird man „verstoßen". Der Mensch lernt von Kind an, sich an bestimmte Regeln zu halten und Erwartungen zu erfüllen. Das formt ihn.

## Seite 33

**9** *Beispiele*

| Strophe 1: | Strophe 2: |
|---|---|
| – verlebt die Zeit nicht nach Stunden<br>– er träumt weiter | – er verändert die Dinge<br>– hält sich nicht an Regeln<br>– geht nicht immer den geraden Weg |
| **Strophe 3:** | **Strophe 4:** |
| – hat immer ein offene Tür<br>– hat auch Misserfolge<br>– erkennt sich im Spiegelbild wieder → ist er selbst | – begibt sich auch in Gefahr<br>– ist er selbst<br>– ist nicht immer mit sich zufrieden<br>– lebt in keiner perfekten Welt |

**10** *Individuelle Lösungen*

## Seite 34

**11** Das Verb „lieben" wird dreimal wiederholt. In der letzten Strophe wird es nicht verwendet, weil der „geformte" Mensch nicht lieben kann.

**12** *Individuelle Lösungen*
**Beispiel:** Es wird das Gefühl geweckt, dass der „geformte Mensch" wie ein Roboter ist.

**13** *Individuelle Lösungen*

**14** *Individuelle Lösungen*

## Lyrische Texte – Übungstext 2
### Seite 35

**2** *Individuelle Lösungen*

**3** richtig: c); e)

### Seite 36

**4** richtig: a); b); d)

**5** richtig: b); d)

**6 a)** richtig: b); e)

**b)** Er glaubt, dass sie sich im Café besser unterhalten können, weil dort die Stille zwischen ihnen nicht so bedrückend ist.

**7** **a)** richtig: a); b)
**b)** Die letzten beiden Antworten passen nicht, da weder die Geschlechtszugehörigkeit der Figuren noch ihre Interessen eine Rolle für die Aussage des Gedichts spielen. In den ersten drei Versen wird das Thema gleich deutlich, dazu passen die Antworten a) und b).

### Seite 37

**8** Strophe 2, Vers 2: „(Sie) versuchten Küsse, als ob nichts sei."
Strophe 4, Vers 3: „Am Abend saßen sie immer noch dort."

**9** **a)** richtig: d)
**b)** Für eine solch persönliche Angelegenheit möchte das Paar einen persönlichen Rahmen haben, daher möchten sie z.B. gerade keine Freunde treffen, wenn es um sie selbst geht.

**10** *So könntest du das Verhalten begründet haben:*
Der Mann kann mit den Emotionen der Frau nicht umgehen und nicht auf sie eingehen. Die Reaktion spiegelt Sprachlosigkeit, die zwischen den beiden herrscht. Der Mann ist möglicherweise auch etwas abgestumpft seiner Partnerin gegenüber.

### Seite 38

**11** **a)** Nein, denn das Gedicht spiegelt nicht das im Artikel Angesprochene wider. Es geht eher um das Erlöschen einer Liebe, die vielleicht früher einmal eine Romanze im Sinne von „Liebesverhältnis" oder „Liebeserlebnis" war.

**b)** „Sachlich" und „Romanze" bezeichnen eigentlich einen Gegensatz, denn eine Romanze zeichnet sich gerade dadurch aus, dass sie auf Sachlichkeit verzichtet. Zu diesem Gegensatz passt die Sprachlosigkeit der beiden.

Textbelege:

Strophe 2: Sie versuchen, sich wie Verliebte zu benehmen, aber es fällt ihnen nichts dazu ein. Er kann auf ihr Weinen nicht angemessen reagieren, sie etwa in den Arm nehmen und trösten (V. 8) „Er sagte, es wäre schon Viertel nach vier / und Zeit, irgendwo Kaffee zu trinken." (V. 10 f.) Er fordert sie sachlich auf, ins Café zu gehen, weil er die Romantik (Klavier, vorüberfahrende Schiffe) nicht erträgt. Sie sprechen beide nicht über das, was sie bewegt. „Am Abend saßen sie immer noch dort. / Sie saßen allein und sie sprachen kein Wort / und konnten es einfach nicht fassen." (V. 15–17)

Es bleibt bei der absoluten Sprachlosigkeit zwischen beiden. Das ist das Gegenteil von Romanze und Leidenschaft – eben Sachlichkeit.

**12** *So könnte deine Lösung aussehen:*

Wenn ihr eure Liebe noch retten wollt, denkt noch einmal daran, wie alles angefangen hat. Natürlich könnt ihr euch eure Verliebtheit des wunderbaren Anfangs nicht bewahren, das kann niemand. Aber vielleicht könnt ihr euch noch daran erinnern, mit welcher Freude und welcher Erwartung ihr in die Beziehung gegangen seid.

*Oder:*

Seid ehrlich miteinander. Sprecht darüber, wie sich eure Beziehung in den letzten Jahren entwickelt hat und welche Erwartungen ihr noch an den anderen habt oder nicht mehr habt. Vielleicht könnt ihr dann herausfinden, ob ihr noch eine Chance habt.

*Oder:*

Vielleicht solltet ihr euch erst einmal eine Weile trennen und jeder für sich über seine Erwartungen und Wünsche nachdenken. Dann sprecht offen darüber und ihr werdet sehen, was noch zu retten ist.

## Dramatische Texte – Übungstext

### Seite 41

**2** *Individuelle Lösungen*

**3** **Wer?** der Richter Azdak, die angeklagte Magd Grusche, zwei Anwälte und die Klägerin Natella Abaschwili (Gouverneusfrau); **Wo?** in einem Gerichtssaal in Georgien; **Was?** Der Richter hört sich beide Seiten an und veranlasst dann eine Probe: Beide Frauen sollen das Kind zu sich ziehen. Die Grusche lässt los, um den Jungen nicht zu verletzen, daraufhin wird ihr das Kind zugesprochen.; **Wie?** Die Figuren reden entsprechend ihrer Bildung und Herkunft miteinander. Man merkt aber auch, wie sie lügen.

**4** richtig: Zwei Anwälte vertreten die Interessen der Gouverneursfrau.

Der zweite Anwalt plaudert aus, dass an das Kind ein beträchtliches Erbe gebunden ist.

Beide Frauen sollen versuchen, den Jungen aus einem Kreidekreis zu ziehen, die Grusche aber lässt zweimal los.

Die Magd der Grusche beschreibt, wie sie den Jungen aufgezogen hat.

Die Magd der Grusche wird angeklagt, den Jungen entführt zu haben.

Weil der Richter die Frage nach der wirklichen Mutter nicht beantworten kann, stellt er die beiden Frauen auf die Probe.

Seite 42

**5** richtig: Das Stück zeigt, wie menschliches Handeln zu Gerechtigkeit führt.

**6**

| Mit wem? | Wer spricht? | | | | | |
|---|---|---|---|---|---|---|
| | Richter Azdak | Magd Grusche | Erster Anwalt | Zweiter Anwalt | Natella Abaschwili | Köchin |
| mit dem Richter Azdak | x 1 | x 5 | x 5 | x 5 | x 1 | |
| mit der Magd Grusche | x 7 | | | | x 3 | |
| mit dem Ersten Anwalt | x 3 | | | | | |
| mit dem Zweiten Anwalt | x 2 | | | | | |
| mit Natella Abaschwili | x 1 | x 2 | x 2 | | | |
| mit der Köchin | | | | | | |
| zu allen | x 3 | | | | | x 1 |

**7** Richter Azdak hat die Aufgabe, herauszufinden, wer die bessere Mutter für den Jungen ist. Die Magd Grusche möchte den Jungen behalten, weil er ihr ans Herz gewachsen ist.

Das Ziel der Anwälte ist es, zu beweisen, dass ihre Klientin die rechtmäßige Mutter ist, da diese nur dann die Anwaltskosten bezahlen kann.

Natella Abaschwili will den Jungen, weil an ihn das große Erbe ihres ermordeten Mannes gebunden ist.

Seite 43

**8** *Du könntest folgende Adjektive angekreuzt haben:*

**a)** selbstbewusst, schlau, schlagfertig

**b)** „Ich als Richter hab die Verpflichtung […]" (Z. 101)

„Sie kommt mir gut genährt vor. Zieht!" (Z. 121)

**9** *Folgende Ergebnisse könntest du in deiner Mind-Map oder deinem Cluster notiert haben:*

**Magd Grusche**

— man unterstellt ihr, dass sie lügt (Z. 9)

— sagt, dass der Junge ihr Sohn ist (Z. 18)

— hat den Jungen aufgezogen (Z. 22 – 31)

— möchte den Jungen nicht mehr hergeben (Z. 84)

— Kind lächelt ihr zu (Z. 107)

— ist gewohnt, körperlich zu arbeiten (Z. 119 – 120)

— sie lässt los (Z. 123 – 124)

— sie lässt wieder los (Z. 137)

— möchte den Jungen nicht zerreißen (Z. 139)

— wird das Kind zugesprochen (Z. 142)

— soll die Stadt mit dem Kind verlassen (Z. 143)

**10**

| Klägerin Natella Abaschwili | Angeklagte Grusche |
|---|---|
| – spricht übertrieben vom grausamen Schicksal und von Seelenqualen | – beschreibt ehrlich, wie sie den Jungen aufgezogen hat |
| – achtet beim ersten Anblick ihres Sohnes nur auf Äußerlich-keiten (Lumpen) | – bemüht sich trotz Entbehrungen um gute Kleidung des Jungen (Hemd) |
| – ist unbeherrscht und beschimpft die Gru-sche, zerrt bedenken-los das Kind zu sich | – verteidigt sich und den Jungen; würde ihn lieber freigeben, als ihm wehzutun |

**11** **a)** Die Grusche liebt das Kind wie ihr eigenes und will ihm nicht wehtun: „Ich hab's aufgezo-gen! Soll ich's zerreißen? Ich kann's nicht." (Z. 139 – 140)

**b)** *Individuelle Lösungen*

## Übungen zum zweiten Prüfungsteil: Textproduktion

### Ein Thema in einem Blogeintrag erörtern

Seite 44

**1** **a)** Für wen sollst du den Text schreiben?

Für einen Blogeintrag für ein Schülerforum im Internet.

Wie heißt der Operator der Aufgabenstellung?

Der Operator heißt „erörtern".

Seite 45

**b)** Ich soll erörtern, ob man die Bundesjugend-spiele abschaffen sollte oder nicht, und dabei Pro- und Kontra-Argumente anführen.

**c)** richtig: b); e)

**2** *So könnte deine Lösung aussehen:*

| Pro Abschaffung | Kontra Abschaffung |
|---|---|
| Enttäuschung bei den Kindern, die nicht so gut abschneiden | Motivation für das Sporttreiben fördern |
| | Werbung für das Ange-bot der Sportvereine |
| | Tag = sportlicher und kultureller Höhepunkt an der Schule |

**3** *So könnte deine Lösung aussehen:*
*(Argumente: für, gegen)*

| Schüler/-innen | – können andere Seite von sich zeigen<br>– können Stärken beweisen und Leistungsfähigkeit zeigen<br>– geraten unter sozialen Druck, wenn sie unsportlich sind<br>– ernten bei Versagen Spott der Mitschüler |
|---|---|
| Lehrer/-innen | – fördern positive Einstellung zu regel-mäßiger sportlicher Betätigung<br>– müssen fachfremde Aufgaben übernehmen |
| Schul-leben | – Gemeinschaftserlebnis<br>– Bewegungsmangel<br>– Verpflichtung zur Teilnahme → Gruppenzwang<br>– Zeitverschwendung |

Seite 46

**4** **a)** <u>Ich persönlich bin für die Abschaffung der Bundesjugendspiele, obwohl ich gern Sport treibe (Aussage/Behauptung).</u> Aber nicht alle beherrschen die speziellen Wettkampfsportar-ten, die im Allgemeinen bei den Bundesjugend-spielen üblich sind, und für diese Schüler kann die Veranstaltung eine Qual sein (Begründung). *Ein deutliches Zeichen dafür, dass dies der Fall ist, sind die vielen Krankschreibungen an diesem Tag. Wenn es tatsächlich „Spiele" wären, die jedem Spaß machen, dann gäbe es dieses Problem nicht (Beispiel).*

<u>Bundesjugendspiele sind eine prima Sache (Aus-sage/Behauptung),</u> weil Bewegung auf jeden Fall besser ist als das stundenlange Sitzen im norma-len Unterricht (Begründung). *Abgesehen von den wenigen Sportstunden verbringt man nämlich in der Schule die meiste Zeit im Klassenzimmer, obwohl jeder weiß, dass Kinder und Jugendliche*

*mehr Bewegung brauchen. Ich habe in meiner Klasse die Erfahrung gemacht, dass bei den Wettkämpfen auch die weniger Sportlichen mitmachen und sich endlich mal bewegen* (Beispiel).

**b) Pro (Abschaffung):** nicht alle beherrschen die speziellen Wettkampfsportarten, die im Allgemeinen bei den Bundesjugendspielen üblich sind, und für diese Schüler kann die Veranstaltung eine Qual sein

**Kontra (Abschaffung):** Bewegung auf jeden Fall besser als das stundenlange Sitzen im normalen Unterricht / dass Kinder und Jugendliche mehr Bewegung brauchen / dass bei den Wettkämpfen auch die weniger Sportlichen mitmachen und sich endlich mal bewegen

❺ *So könnte deine Lösung aussehen:*

| Pro-Argumente | Beispiele/Belege |
|---|---|
| Enttäuschung bei den Kindern, die nicht so gut abschneiden | Das Kind in Konstanz, das nach Erhalt der Teilnehmerurkunde geweint hat. |
| Wettkampfsportarten sind für viele eine Qual | Nicht alle Kinder sind in den speziellen Wettkampfsportarten gut, machen aber vielleicht anderen Sport gerne. |
| Gruppenzwang (Teilnahmepflicht) | Es gibt viele Krankschreibungen an diesem Tag. |
| Kontra-Argumente | Beispiele/Belege |
| Motivation für das Sporttreiben | Sportvereine können für ihr Angebot Werbung machen. |
| Tag = sportlicher und kultureller Höhepunkt an der Schule | Es treffen sich Schülerinnen/Schüler und Lehrerinnen/Lehrer über die Klassengrenzen hinweg. |
| Abwechslung im bewegungsarmen Schulalltag | Auch die weniger Sportlichen bewegen sich mal. |
| Leistungsvergleich und Wettkampf macht vielen Kindern und Jugendlichen Spaß | Möglichkeit für die Leistungsstarken, sich zu messen. |

❻ *So könnte deine Lösung aussehen:*

| eigene Position | Die Abschaffung der Bundesjugendspiele scheint mir nicht sinnvoll. |
|---|---|
| These der Gegenposition | Die Bundesjugendspiele sollten abgeschafft werden. |
| 1. stärkstes Argument der Gegenposition mit Beleg | Die Bundesjugendspiele sind weniger ein „Spiel", sondern sie zeichnen sich durch Gruppenzwang aus, denn sie sind eine verbindlich durchzuführende Veranstaltung. Die Teilnahme ist nicht freiwillig. |
| 2. mittelstarkes Argument der Gegenposition mit Beleg | Wettkampfsportarten sind für viele eine Qual, sie mögen aber vielleicht andere Sportarten. |
| 3. schwächstes Argument der Gegenposition mit Beleg | Häufig ist die Enttäuschung bei Kindern, die nicht so gut abschneiden, groß, wie z.B. bei dem Kind in Konstanz. |
| These der eigenen Position | Die Bundesjugendspiele sollten auf keinen Fall abgeschafft werden. |
| 1. schwächstes Argument der eigenen Position mit Beleg | Der Tag der Bundesjugendspiele ist ein sportlicher und kultureller Höhepunkt an der Schule. Es treffen sich Schüler/-innen und Lehrer/-innen über die Klassengrenzen hinweg. |
| 2. mittelstarkes Argument der eigenen Position mit Beleg | Viele Kinder/Jugendliche lieben Wettkämpfe, Gelegenheit für die Leistungsstarken, sich zu messen |
| 3. stärkstes Argument der eigenen Position mit Beleg | Abwechslung im bewegungsarmen Schulalltag, auch die Unsportlichen bewegen sich mal |

**Seite 48**

 **7** *So könnte deine Lösung aussehen:*

… sorgen immer wieder für Diskussionen. Dabei stellt sich mir die Frage, ob es die Bundesjugendspiele eigentlich geben muss. Was würde denn für eine Abschaffung sprechen? Und welche Argumente sprechen dagegen?

**Seite 49**

 **8** **a)** *So könnte deine Lösung aussehen:*

1. stärkstes Argument der Gegenposition: Dagegen spricht sicherlich, dass die Bundesjugendspiele für einige weniger als „Spiel", sondern als Gruppenzwang empfunden werden, weil sie eine verbindlich durchzuführende Veranstaltung sind und die Teilnahme nicht freiwillig ist.

2. mittelstarkes Argument der Gegenposition: Außerdem spricht dagegen, dass Wettkampfsportarten für viele eine Qual sind. Viele der Kinder mögen zwar Sport, aber vielleicht andere Sportarten.

**b)**

1. schwächstes Argument der eigenen Position: Aus meiner Sicht spricht gegen die Abschaffung von Bundesjugendspielen, dass der Tag der Bundesjugendspiele ein sportlicher und kultureller Höhepunkt an der Schule ist. Es treffen sich Schüler/-innen und Lehrer/-innen über die Grenzen der Schulklasse hinweg.

2. mittelstarkes Argument der eigenen Position: Ich vertrete die Ansicht, dass viele Kinder Wettkämpfe lieben. Das belegt z.B., dass für viele der Punktevergleich absolut wichtig ist.

**Seite 50**

 **9** **a)** **nicht** passend sind:

– Am Ende möchte ich einen weiteren interessanten Aspekt darstellen …

– Nach der eingehenden Beschäftigung mit diesem Thema konnte ich keine eigene Position entwickeln …

**b)** *Individuelle Lösungen*

 **10** *So könnte deine Lösung aussehen:*

Erst neulich standen in unserer Schule wieder die alljährlichen Bundesjugendspiele an. Als die Ankündigung durch den Sportlehrer gemacht worden war, gab es erst mal ein großes Hallo. Die einen jubelten und freuten sich, während die anderen lange Gesichter zogen. Mir stellt sich die Frage, ob die Bundesjugendspiele vielleicht besser abgeschafft werden sollten? Die Durchführung von Bundesjugendspielen ist meiner Meinung nach heute immer noch eine prima Sache, deshalb bin ich gegen die Abschaffung. Für eine Abschaffung spricht sicherlich, dass die Bundesjugendspiele für einige weniger als „Spiel", sondern als Gruppenzwang empfunden werde, weil sie eine verbindlich durchzuführende Veranstaltung sind und die Teilnahme nicht freiwillig ist. Außerdem spricht dafür, dass Wettkampfsportarten für viele eine Qual sind. Es geht ja nur um ganz bestimmte Sportarten, die manche eben nicht so gut können oder nicht so mögen. Darüber hinaus ist die Enttäuschung bei Kindern, die nicht so gut abschneiden, häufig groß. Man denke nur an das Kind in Konstanz, das nach Erhalt der Teilnehmerurkunde geweint hat. Aus meiner Sicht spricht gegen die Abschaffung der Bundesjugendspiele, dass der Tag der Bundesjugendspiele ein sportlicher und kultureller Höhepunkt an der Schule ist. Es treffen sich Schüler/-innen und Lehrer/-innen über die Grenzen der Schulklasse hinweg. Ich vertrete die Ansicht, dass viele Kinder Wettkämpfe lieben. Das belegt z.B., dass der Punktevergleich für viele ein großer Spaß ist. Die Bundesjugendspiele sind nicht zuletzt eine tolle Abwechslung im Schulalltag, wo so viel gesessen wird. Sogar die Unsportlichen bewegen sich mal. Nach Abwägung aller Argumente komme ich zu dem Ergebnis, dass die Bundesjugendspiele nach wie vor eine gute Sache sind und keinesfalls abgeschafft werden sollten. Sie sind und bleiben ein wichtiger Bestandteil des Schullebens.

**11** **a+b)** *Individuelle Lösungen*

## Einen Tagebucheintrag schreiben

**Seite 52**

**2** **a+b)** *Individuelle Lösungen*

**Seite 53**

**3 a)**

| Handlungseinheiten | | Strophen | Zeilenangaben |
|---|---|---|---|
| Der König möchte den Jüngling noch mal hinabschicken. Seine Tochter will ihm das ausreden. | | 1 – 3 | 1 – 18 |
| Der Jüngling kann diesem Angebot nicht widerstehen. Er stürzt sich ins Wasser und kehrt nie wieder. | | 4 – 9 | 19 – 55 |
| Der Jüngling taucht mit dem Becher wieder aus dem wilden Wasser hervor. Die Menge jubelt ihm zu. | | 10 – 11 | 57 – 67 |
| Der König wirft den Becher ein zweites Mal ins Wasser. Er verspricht dem Jüngling als Lohn die Ritterschaft und die Hand seiner Tochter. | | 12 – 16 | 68 – 97 |
| Der König wirft einen goldenen Becher ins Meer. Er fordert seine Gefolgschaft auf, nach dem Becher zu tauchen. Niemand folgt seinem Aufruf. | | 17 – 18 | 98 – 109 |
| Der Jüngling bringt dem König den Becher zurück. Er erzählt ihm ausführlich, wie furchtbar und gefährlich es war, in dem tosenden Meer zu tauchen. | | 19 | 110 – 115 |
| Ein junger Edelknecht tritt hervor. Er schaut lange in das tosende Meer. Er stürzt sich ins Wasser. Die Anwesenden wünschen ihm das Beste. | | 20 – 21 | 116 – 127 |

**b)** *So könnte deine Lösung aussehen:*

– Am gestrigen Tag warf der König unerwartet einen goldenen Becher ins Meer, wobei er uns – seine Gefolgschaft – aufforderte, nach dem Becher zu tauchen. Dieser sollte der Lohn für denjenigen sein, der ihn zurückbringen würde. Jedoch folgte zunächst niemand seinem Aufruf.

– Da trat unterwartet ein junger Edelknecht hervor, welcher lange in das tosende Meer geschaut hatte, bevor er sich ins Wasser stürzte. Alle Anwesenden wünschten ihm dazu das Beste.

– Gott sein Dank tauchte der Jüngling nach einiger Zeit wieder aus dem wilden Wasser hervor, worauf ihm die Menge begeistert zujubelte.

– Der Jüngling brachte dem König tatsächlich den Becher zurück, und er erzählte ihm ausführlich, wie furchtbar und lebensgefährlich es gewesen war, im wilden und tosenden Meer

zu tauchen. Von seinen Erzählungen wurde mir ganz schauerlich zumute, und ich war froh, dass ich nicht dort hinuntergetaucht war.

– Da wollte der König den Jüngling noch mal hinabschicken, was ihm seine Tochter unbedingt auszureden versuchte.

– Doch der König war nicht zu überzeugen, und er warf den Becher ein zweites Mal ins Wasser, nachdem er dem Jüngling einen unglaublichen Lohn versprochen hatte: die Ritterschaft und die Hand seiner Tochter!

– Diesem Angebot konnte der tapfere, aber noch sehr unerfahrene Jüngling nicht widerstehen, woraufhin er sich ins Wasser stürzte und nie wieder zurückkehrte.

**Seite 54**

 **4**

| Einleitung | unglaubliches Geschehen; der ganze Hof redet darüber; Versuch, alles noch mal genau zu rekonstruieren |
|---|---|
| Hauptteil | 1) Wiedergabe des Inhalts: siehe Handlungsschritte Aufgabe 2b<br>2) Persönliche Einschätzung: unverantwortliches Verhalten des Königs; schickt den Jüngling quasi in den Tod; Langeweile und Launenhaftigkeit des Königs; der König verspricht unangemessene Dinge (Ritterschaft, Hand seiner Tochter); die Selbstüberschätzung des Jünglings |
| Schluss | „mörderische" Launenhaftigkeit des Königs, tiefe Bestürzung und Trauer; Gedanke, den Hof zu verlassen |

**5** *So könntest du den Tagebucheintrag verfasst haben:*

Liebes Tagebuch,

gestern ist etwas Unglaubliches geschehen! Noch immer spricht der ganze Hof darüber und versucht sich zu erklären, was gestern geschehen ist.

Doch von Anfang an.

Der König warf gestern ganz unerwartet einen goldenen Becher ins Meer. Dann forderte er uns auf, ihn aus dem Wasser zu holen. Natürlich hat sich niemand getraut, da das Meer nur so toste. Ich konnte einen jungen Edelknecht beobachten, der schon eine ganze Weile in das Wasser geschaut hatte. Dann trat er tatsächlich hervor und stürzte sich ins Wasser. Alle riefen ihm nur hinterher, dass sie an ihn glauben und ihm das Beste wünschen.

Nach einiger Zeit tauchte er wieder aus dem wilden Wasser hervor. Alle jubelten ihm zu.

Der Jüngling hatte es tatsächlich geschafft, den Becher dem König zurückzubringen. Er berichtete ihm sehr ausführlich, wie furchtbar und lebensgefährlich es war, nach dem Becher zu tauchen. Mir wurde ganz schauerlich zumute von den Erzählungen und ich war froh, dass ich nicht im wilden Meer tauchen musste.

Der König wollte daraufhin den Jüngling noch einmal ins Wasser schicken. Doch die Königstochter wollte dies ihrem Vater unbedingt ausreden. Leider schaffte sie es nicht.
Der König lockte den Jüngling mit einem besonderen Lohn, wenn er es schafft, den Becher ein zweites Mal herauszuholen. Er versprach ihm die Ritterschaft und auch die Hand seiner Tochter.

Der König warf den Becher ein zweites Mal ins tosende Meer. Wieder sprang der tapfere, aber unerfahrene Jüngling hinterher. Doch dieses Mal sollte er nicht wieder auftauchen. Er wurde nie wieder gesehen.

Liebes Tagebuch, ich finde das Verhalten des Königs unverantwortlich! Er wusste genau, wie gefährlich es ist, im Meer zu tauchen. Er hat den Jüngling quasi in den Tod geschickt. Und das alles nur, weil ihm langweilig war?

Natürlich kann man auch dem Jüngling vorwerfen, dass er es hätte besser wissen müssen, nachdem, was er dem König alles über das Meer nach seinem ersten Tauchen erzählt hatte. Und doch verstehe ich, dass die Aussicht auf Ritterschaft und die Hand der Königstochter zu verlockend für den jungen Edelknecht erschien. Immerhin hatte er es schon einmal geschafft, also warum nicht auch ein zweites Mal?

Die mörderische Launenhaftigkeit und die Langeweile des Königs haben tiefe Trauer und Bestürzung am Hof hervorgerufen. Man weiß nie, was sich der König noch überlegt, um „Spaß" zu haben. Ich denke darüber nach, den Hof zu verlassen und mir eine andere Arbeit zu suchen.

(In Gedanken an den jungen Edelknecht.)

**6** *Individuelle Lösung*

## Eine Charakterisierung ausformulieren

**Seite 55**

**2** Lies die Kurzgeschichte „Die Leserin". Charakterisiere die Hauptfigur, Erläutere besonders ihr Verhalten, ihr Aussehen und ihre Gefühle und Gedanken.

**3** richtig: a); b); f)

Seite 56

| Beschreibung der Hauptfigur | Zeilenangabe |
|---|---|
| Ihre Lieblingsbeschäftigung ist Lesen. | Z. 1–2 |
| Ihre Lieblingsreihe sind die „Südsee-Romane", sie liest aber auch andere Reihen. | Z. 28–33 |
| Beim Lesen träumt sie von der Südsee. | Z. 38 |
| Sie hofft, im Lotto zu gewinnen. | Z. 53–55 |

**5** **a+b)** *So könnte deine Lösung aussehen:*

- jung

- Kolleginnen machen sich lustig

- Mutter nörgelt (soll heiraten)

- liest ein Romanheft am Tag

- fährt mit U-Bahn/ Bus zur Arbeit

**Hauptfigur**

- Kassiererin („Johnsons Traumpreis-Center")

- macht Traumreise (Honolulu)

- Lesen wichtiger als alles andere

- liest in Honolulu auch nur Romanhefte

- spielt Lotto und gewinnt!

**6** *So könnte deine Lösung aussehen:*
Ich kann das Verhalten der „Leserin" nicht verstehen. Lesen ist ja ein netter Zeitvertreib, aber ich finde, sie übertreibt völlig. Das ganze Leben nach dem Lesen auszurichten, scheint mir nicht sinnvoll. Sie erlebt ja fast nichts und wartet nur auf das nächste Lesevergnügen. Mir wäre das zu langweilig.

Seite 57

**7** **Einleitung:** Nennung von Titel, Autor/-in, Textsorte und Thema (TATT), allgemeine Angaben zur Figur

**Hauptteil:** Ausgangssituation der Figur (könnte auch in die Einleitung), Beschreibung körperlicher Merkmale, Beschreibung der Kleidung, Darstellung des Verhaltens, Darstellung der Gefühle, Aussagen zum Charakter

**Schluss:** Beurteilung der Figur mit Begründung

**8** **a+b)**
**Beispiel A:** Im Text wird mehrfach deutlich, dass das Lesen der Romane für die junge Frau sehr wichtig ist. In den Zeilen 11–19 heißt es: „Sie hatte schon versucht, die Romane mit an die Supermarktkasse zu nehmen [...], aber das hatte ihr der Filialleiter verboten." Auch das Abendessen verbindet sie mit dem Lesen. Die starke Verknüpfung zeigt sich auch in der Beschreibung „[...] deckte (sie) den Tisch mit Messer, Gabel, Teller und Roman und las während des Essens." (Z. 23–25)

**Beispiel B:** Im Text wird mehrfach gezeigt, wie wichtig das Lesen der Romane für die junge Frau ist. So versucht sie bei der Arbeit an der Supermarktkasse zu lesen, wenn keine Kunden da sind, was ihr dann aber untersagt wird (Z. 11–19). Wie stark sie sämtliche Tätigkeiten mit dem Lesen verbinden will, wird deutlich an der Art, wie sie den Abendbrottisch deckt: In den Zeilen 23–25 wird beschrieben, dass neben Geschirr und Besteck auch das Buch nicht fehlen darf.

Seite 58

**c)** *So könnte deine Lösung aussehen:*

1. In den Zeilen 11–12 liest man, dass die Hauptfigur schon mal versucht hat, die Romane auch an der Supermarktkasse zu lesen. Das zeigt, dass sie noch mehr Zeit mit dem Lesen verbringen möchte.

2. Dass die Südsee-Romane ihre absoluten Favoriten sind, kann man daran erkennen, dass sie diese immer zweimal liest (Z. 36–37).

3. Durch das Lesen „vergaß (sie) ihre langweilige Arbeit im Supermarkt" (Z. 46–47). An diesem Zitat lässt sich ablesen, dass sie die Wirklichkeit lieber vergessen will.

**❾ a+b)** *So könnte deine Lösung aussehen:*

**A** Meiner Ansicht nach ist das Verhalten der Hauptfigur von ihrer Leselust geprägt. Diese bestimmt ihr ganzes Leben. Sie versucht immer Zeit zum Lesen zu finden. Ob auf der Fahrt zur Arbeit (Z. 2–8) oder beim Abendessen (Z. 22–25): Das Lesen spielt die Hauptrolle.

**B** Das Verhalten und die Gefühle der Hauptfigur kann ich nicht nachvollziehen. Ich lese selbst nicht besonders gern und stelle mir das sehr langweilig vor, den ganzen Tag nur zu lesen. Dass die Hauptfigur so wenig mit anderen Menschen zu tun haben will, verstehe ich nicht. Mir würde das Gespräch mit anderen Menschen fehlen und Erlebnisse in der Gruppe, z.B. beim Sport.

**C** Aus meiner Sicht wirkt die „Leserin" sehr einsam. Sie lebt in einer Parallelwelt, die nichts mit ihrem richtigen Leben zu tun hat. Sie hat wenig Kontakt zu „echten" Menschen, sie sucht diesen auch nicht. Das Leben und die Menschen ziehen an ihr vorbei. Sie ist irgendwie auch glücklich mit ihren Romanen, aber ich glaube, sie hat Angst vor dem richtigen Leben. Tief drin ist sie sicher einsam.

**❿** *So könnte deine Charakterisierung aussehen:*

Die Kurzgeschichte „Die Leserin" wurde von Martin Auer verfasst. In der Kurzgeschichte beschreibt der Autor die „Leserin" als eine Frau, die am liebsten ihre gesamte Zeit mit dem Lesen verbringen würde.

Bei der Hauptfigur handelt es sich um eine junge Frau (Z. 1), die an der Supermarktkasse vom „Johnsons Traumpreis-Center" (Z. 13–14) arbeitet. Lesen ist für die junge Frau das Wichtigste (Z. 2): „Sie hatte schon versucht, die Romane mit an die Supermarktkasse zu nehmen [...] und ein bisschen zu lesen, wenn keine Kunden kamen" (Z. 11–15). Doch dies verbot ihr der Filialleiter (Z. 15). Dafür las sie dann in der Mittagspause (Z. 20) und auf der Nachhausefahrt (Z. 22). Auch beim Abendessen, war das Romanheft neben dem Geschirr und dem Besteck auf dem Tisch (Z. 24–25).

Wenn die Hauptfigur nicht las oder arbeitete, nörgelte ihre Mutter, „[...] weil sie immer noch nicht verheiratet war" (Z. 48–49). Außerdem „aber spielte sie zweimal Lotto" (Z. 53).

Insgeheim träumte sie davon, „[...] einmal so viel Geld zu gewinnen, dass sie damit in die Südsee fahren konnte" (Z. 54–56). Ihre Kolleginnen machten sich immer ein bisschen lustig über sie, weil sie von der Südsee träumte und so viel las (Z. 49–52).

Das Verhalten der Hauptfigur änderte sich auch nicht, als sie tatsächlich im Lotto gewann und nach Honolulu reiste (Z. 56–61). „Und dann lag sie drei Wochen lang am Strand von Honolulu [...] und las Südsee-Romane" (Z. 59–61).

Die Hauptfigur übertreibt es meines Erachtens sehr mit dem Lesen. Sie lebt nur noch in einer Parallelwelt, die nichts mehr mit ihrem wirklichen Leben zu tun hat. Sie erlebt nichts und träumt von der Südsee. Als sie dann endlich die Möglichkeit hat, sich ihren Traum zu erfüllen, reist sie zwar in die Südsee, doch nutzt auch dort ihre Zeit nur zum Lesen. Ihr ganzes Leben ist nach dem Lesen ausgerichtet. Das macht sie vermutlich sehr einsam und hält sie davon ab, spannende und aufregende Dinge zu unternehmen und ihren Südseeurlaub zur Erkundung der Gegend zu nutzen.

**⓫** *Individuelle Lösungen*

## Eine Erzählung um-/weiterschreiben

**❶** richtig: b); d); f)

**❷** *So könnten die Ergänzungen in der Mind-Map lauten:*

<u>Wetter:</u> Regen

<u>junger Mann:</u> raucht leichte Filterzigaretten; mag ihre weiße Hose; findet die Hauptfigur auch hübsch; wenn Haare nass und strähnig hängen; sagt der Hauptfigur nicht die Wahrheit; hat eine andere Frau wiedergesehen; ist einfach abgehauen

<u>junge Frau aus „Sommerschnee":</u> schulterlanges, glattes Haar; trägt abgetragene Kleidung (graue Hose war mal weiß); lebt in der Stadt; ist verliebt, überschwänglich und glücklich; singt laut vor sich hin; lässt sich von ihrem Freund beeinflussen; raucht normalerweise starke Zigaretten, kauft aber leichte Filterzigaretten; ihr Verhalten ist abhängig von ihren Gefühlen

<u>meine Geschichte:</u> junger Mann will schon länger Schluss machen; traf Vera überraschend wieder, verliebte sich wieder in sie, traut sich aber nicht, es der Hauptfigur zu sagen

**❸** *So könnte deine Lösung aussehen:*

<u>Informationen zum jungen Mann (Alter, Name):</u>
Niklas; 17 Jahre alt, durchschnittliches Aussehen; Hobbys: Fahrrad fahren, Computer; eher schüchterner, zurückhaltender Typ; redet nicht gerne über seine Gefühle, raucht eigentlich nicht, nur wenn er mit ihr zusammen ist

<u>Grund für den Zettel an der Wand:</u>
traf Vera, eine alte Schulfreundin, überraschend wieder; verliebte sich wieder in sie; wollte schon vor Tagen der jungen Frau „die Wahrheit" sagen; traute sich aber nicht; hatte Angst vor einem offenen Gespräch; erfindet Ausreden, wie: es gab keine passende Gelegenheit

<u>Ereignisse an diesem Tag:</u>
will Beziehung an diesem Tag beenden; ruft Vera schon morgens an und sie verabreden ein Treffen für den Nachmittag; er versucht danach, seine Freundin anzurufen; traut sich aber nicht, also schreibt er einen Zettel; fährt mit seinem Fahrrad durch den Regen zum vereinbarten Treffpunkt, einem Café in der Innenstadt; trifft Vera im Café

<u>Gefühle des jungen Mannes:</u>
anfangs schlecht gelaunt wegen der ungeklärten Situation mit seiner Freundin; er ist glücklich, als er Veras Stimme hört; ist unsicher und hat Angst vor der Reaktion der Hauptfigur; als er den Zettel schreibt, fühlt er sich schlecht; als er Vera im Café trifft, fühlt er sich besser, ist verliebt

<u>Folgende Nebenfiguren treten in der Erzählung auf:</u>
Passanten mit Regenschirm, Vera, die Bedienung im Café

<u>Im Mittelpunkt des Hauptteils steht folgendes Ereignis:</u>
Er schreibt Zettel, hängt ihn neben die Tür; fährt mit dem Fahrrad zu einem Café in der Innenstadt; fühlt sich schlecht; macht sich unterwegs viele Gedanken, ob er das Richtige tut; muss Passanten mit Regenschirmen ausweichen, wird trotz Regenkleidung von oben bis unten nass; trifft Vera im Café und freut sich, sie wiederzusehen; sie gibt ihm einen Begrüßungskuss

<u>So gestalte ich das Ende der Erzählung:</u>
Er fährt nach dem Treffen glücklich und unbeschwert nach Hause; es hat aufgehört zu regnen

<u>Ich wähle folgende Erzählperspektive:</u>
Ich-Erzählperspektive

**❹** *Eine Auswahl an Erzähltipps ist unterstrichen und in Klammern genannt:*
A Gerade <u>wollte</u> (Präteritum) ich mir eine Zigarette anzünden, als das Telefon klingelte. <u>„Vera, du?!"</u> (wörtliche Rede), <u>stotterte</u> (anschauliches, treffendes Verb) ich in den Hörer, und bevor ich <u>weitersprechen</u> konnte, <u>erzählte</u> (abwechslungsreiche Wortwahl aus dem Wortfeld „sagen") sie mir, dass sie seit ein paar Wochen wieder in Frankfurt sei – es tat gut, ihre Stimme zu hören...

Erzählperspektive: Ich-Erzählperspektive

B Als er sich gerade eine Zigarette anzünden wollte, klingelte das Telefon. Seinen Gedanken nachhängend <u>schlurfte</u> (anschauliches, treffendes Verb) er zum Telefon. Die Überraschung <u>wich</u> (anschauliches, treffendes Verb), einem Lächeln in seinem Gesicht, als er die <u>bekannte, sanfte</u> (anschauliche, treffende Adjektive) Stimme hörte. Vera <u>war</u> (Plusquamperfekt bei Vorzeitigkeit) der Gedanke <u>gekommen</u>, ihn anzurufen, als sie bei der Einfahrt in den Hauptbahnhof den <u>wolkenverhangenen</u> (anschauliches, treffendes Adjektiv) Messeturm erblickte und plötzlich sämtliche Erinnerungen an ihre gemeinsame Zeit auftauchten (bildhafter Ausdruck).

Erzählperspektive: Auktoriale Erzählperspektive

Seite 62

**5** *So könnte deine Lösung aussehen:*

Auktoriale Erzählperspektive:

Nur kurz zögerte er, als er die Haustür öffnete und realisierte, wie stark es regnete. Er blickte zur Hauswand, fand eine trockene Stelle und befestigte daran den Zettel. Mit der Faust hämmerte er so lange auf den Klebestreifen ein, bis er sich sicher war, dass sich der Zettel nicht lösen würde. Schnellen Schrittes ging er zum Fahrradkeller, schloss auf, zog sich Regenjacke und Sturzhelm an und radelte los. Dieser Tag verhieß von Anfang an nichts Gutes und jetzt regnete es auch noch in Strömen. Um bei dem Wetter nicht auf der Dreispurigen zu fahren, bog er an der Konstablerwache ab und radelte die Fußgängerzone entlang. „Pass doch auf!", brüllte er einen Mann an, der fast mit ihm zusammengestoßen wäre. Schnell riss er den Lenker herum und geriet leicht ins Schlittern. „Junger Mann", rief der erschrockene Mann erbost hinter dem rüpelhaften Fahrradfahrer her, „das ist eine Fußgängerzone!" Dem Mann war es dabei besonders wichtig, jede Silbe des Wortes *Fußgängerzone* sehr deutlich zu betonen. Er hatte auch das Gefühl, der Fahrradfahrer hätte reagiert und bremsen wollen, doch den scherte der Zwischenfall nur kurz, und er trat wieder in die Pedale.

Als Niklas wenig später am vereinbarten Treffpunkt, einem altmodisch eingerichteten Café in der Fressgass, ankam, hatte ihn Vera bereits sehnsüchtig erwartet. Er erkannte sie sofort mit ihrem bunten Regenschirm. Sie schien sich nicht verändert zu haben.

*Wenn der Text in der personalen Perspektive oder Ich-Perspektive stehen würde, wäre er wahrscheinlich eindrücklicher und persönlicher. Durch die Ich-Perspektive sind die Leser/-innen näher an der Figur und bekommen ihre Gedanken und Gefühle direkter mit. Die personale Perspektive konzentriert sich zwar auch auf die Sicht der Figur, allerdings ist sie ein wenig neutraler.*

**6** **a)** äußere Handlung: unterstrichen, innere Handlung: kursiv

Draußen regnete es in Strömen und es sah nicht so aus, als ob der Regen nachlassen würde. *Dennoch beschloss ich, das Rad zu nehmen.* Ich streifte also meine Regenjacke über, *obwohl ich darin bescheuert aussah,* und holte das Fahrrad aus dem Keller. *Ich schwitzte jetzt schon unter dem dichten Plastik, aber innerlich fühlte ich mich vor dem Treffen eher kalt. Was sollte das auch? Warum hatte ich mich überhaupt darauf eingelassen, nach so langer Zeit?* Mechanisch hängte ich den Zettel, für den ich eine Stunde gebraucht hatte, bis er fertig war, an die Wand und fuhr los. Ich fuhr so schnell, dass ich regelrechte Regenwasserfontänen erzeugte. Als ich am Marktbrunnen vorbeikam, sah ich sie rasch auf das Café zugehen. Ich bremste automatisch, *hätte am liebsten umgedreht. Was soll's?* Ich gab mir einen Ruck und stellte das Rad ab.

**b)** äußere Handlung: unterstrichen, innere Handlung: kursiv

Draußen regnete es in Strömen und es sah nicht so aus, als ob der Regen nachlassen würde. Dennoch nahm ich das Rad, streifte meine Regenjacke über, *obwohl sie vielleicht denken könnte, dass ich darin bescheuert aussehe.* Ich holte das Fahrrad aus dem Keller. Ich schwitzte wie wahnsinnig, nicht nur wegen des dichten Plastiks, *denn so verliebt war ich noch nie in meinem Leben! Mein Magen flatterte bei dem Gedanken an sie. Was sollte ich sagen? Ich kannte mich: Selbst wenn ich mir jetzt einen coolen Spruch ausdenken würde, wäre er bei ihrem Anblick vergessen.* Fast hätte ich den blöden Zettel vergessen, für den ich eine Stunde gebraucht hatte, bis er fertig war. Mechanisch hängte ich ihn an die Wand und fuhr los. Ich fuhr so schnell, dass ich regelrechte Regenwasserfontänen erzeugte. *Ich lachte laut und hatte dabei das Gefühl, sie würde mitlachen.* Als ich am Marktbrunnen vorbeikam, sah ich sie rasch auf das Café zugehen. *Bei ihrem Anblick machte mein Herz einen kleinen Satz.* Ich bremste automatisch, *um ihr mit offenem Mund nachblicken zu können. Total glücklich* stellte ich das Rad ab.

**7** *So könnte deine Erzählung aussehen:*
Nein! Nicht schon wieder von Neuem ansetzen. Zu lange war ich um das Telefon geschlichen, hatte es in die Hand genommen und wieder beiseitegelegt. Zu viele Zettel hatte ich zuvor zerknüllt und in den Papierkorb geschleudert. „Liebe Luisa! Es tut mir leid. Aber vor ein paar Tagen habe ich Vera wiedergetroffen. Ich wollte dir schon die ganze Zeit sagen, dass das mit uns – es

tut mir ja echt leid! Sei nicht böse und lass' bitte den Kopf nicht hängen, ja?!l Ciao Niklas" So war er gut. Nicht zu viel unnötiges Blabla, nichts, was sie vielleicht verletzten könnte. Ich war zufrieden mit meiner Nachricht, schnitt vier Streifen Tesa ab und klebte sie an die Ecken des Zettels. „Jetzt aber los! Sonst komme ich zu spät zu Vera!" dachte ich mir. Als ich aber an der Haustür ankam, überfiel mich das schlechte Gewissen. „Hätte ich mich nicht doch mit Luisa persönlich treffen sollen? Bin ich zu kaltherzig?" Dann versuchte ich die störenden Gedanken zu verdrängen, öffnete hastig die Haustür und erblickte den strömenden Regen. „Auch das noch!"

Aber egal, ich hatte mich entschieden. Ich suchte die Hauswand nach einer trockenen Stelle ab, an der ich diesen blöden Zettel festmachen konnte. Als ich eine passende Ecke gefunden hatte, hämmerte ich auf den Klebestreifen ein, um sicherzugehen, dass das Ding nicht herunterfallen würde. Das würde noch fehlen; Luisa würde weggehen, ohne gelesen zu haben, was ich mir die letzte halbe Stunde aus den Fingern gesogen hatte. Aber der Zettel hielt! Schnellen Schrittes ging ich zum Fahrradkeller, schloss auf, zog mir die Regenjacke über, setzte den Sturzhelm auf und radelte los. Dieser Tag war von Anfang an nicht gut! Und jetzt goss es auch noch in Strömen. Als ich an der Konstabler ankam, bog ich, ohne nachzudenken, auf die Zeil ab; schließlich hatte ich keine Lust, mich bei dem Regen zwischen spritzenden Autos auf der Dreispurigen zu quälen. Lieber die Fußgängerzone entlang! Doch plötzlich tauchte dieser Alte auf. Hätte ich den Lenker nicht noch rechtzeitig herumgerissen, wäre ich mit ihm zusammengestoßen. „Pass doch auf!", brüllte ich. Aber anstatt mir dankbar zu sein, dass ich so schnell reagiert hatte, rief er: „Junger Mann, das ist eine Fußgängerzone!" Jede Silbe des Wortes *Fußgängerzone* schob sich langsam und laut in mein Ohr. Und plötzlich waren da wieder diese Zweifel, ob das, was ich hier gerade tat, auch das Richtige sei. Hätte ich das Treffen mit Vera nicht doch besser absagen, mich einer Aussprache mit Luisa stellen sollen? „Ach was!", hörte ich mich raunen und trat wieder in die Pedale.

Ich schwitzte wie wahnsinnig, nicht nur wegen des dichten Plastiks der Regenhaut, nein, ich war aufgeregt, aufgeregt sie wiederzusehen. Ich spürte, wie mein Magen flatterte. Was sollte ich bloß sagen? Ich kannte mich; selbst, wenn ich mir jetzt einen coolen Spruch ausdenken würde, wäre er bei ihrem Anblick vergessen.

Wenig später war ich am vereinbarten Treffpunkt, einem altmodisch eingerichteten Café in der Fressgass. Schon von Weitem erblickte ich sie, mein Herz machte einen kleinen Satz, ich bremste automatisch, um ihr mit offenem Mund nachblicken zu können. Und plötzlich war alles, was vorher geschehen war, vergessen. Ich spürte, wie mein Herz pochte und es mir mit einem Mal gut ging, richtig gut. Ich schloss das Fahrrad an, streifte die nasse Jacke ab und betrat lächelnd das Café.

Seite 63

**8** *Individuelle Lösungen*

**9** a) *So könnte deine Lösung aussehen:*

| Hauptteil – Stichpunkte | – Verabredung mit Freund<br>– Regen, trotzdem gute Laune<br>– Fahrt in der Bahn<br>– andere Leute schlecht gelaunt<br>– klitschnass, macht nichts<br>– kaufe Filterzigaretten<br>– hoffe, dass ich gut aussehe<br>– beeile mich sehr<br>– klingeln<br>– Zettel an der Wand<br>– du hast Vera wiedergetroffen, machst Schluss |
|---|---|

Seite 64

**b)** 1. Auf dem Weg zu ihrem Freund:

<u>ich freute mich</u> / ich hatte Angst / <u>ich war gespannt</u> / ich war deprimiert / <u>ich war überglücklich</u> / <u>ich war nervös</u> / ich war todtraurig / ich war sehr selbstsicher

2. Nachdem sie den Zettel gelesen hatte:

<u>ich konnte es einfach nicht fassen</u> / ich hatte ja schon damit gerechnet / <u>eigentlich fühlte ich gar nichts</u> / <u>es war wie ein Schock</u> / ich beruhigte mich schnell / <u>ich lief wie im Traum</u> / ich fasste einen Plan

**c)** *Individuelle Lösungen*

### Einen inneren Monolog verfassen

Seite 65

**1** a) Mephisto betrachtet das Geschehen um die Wette mit Faust rückblickend. Versetze dich in die <u>Lage von Mephisto</u>. Schreibe einen ausführlichen <u>inneren Monolog</u>, der Mephistos <u>Wahrnehmungen</u>, <u>Gedanken</u> und <u>Gefühle</u> widerspiegelt.

**b)** *Individuelle Lösungen*

Seite 66

**❷** *Individuelle Lösungen*

**❸** *So könnte deine Lösung aussehen*
Ergänzungen zu **Gedanken**:
- merkwürdiges Gespräch
- ich kam kaum zu Wort

Ergänzungen zu **Wahrnehmungen**:
- Fausts großes Redebedürfnis
- schnelle Entscheidung Fausts

**❹ a)** An diesem Tag habe ich Faust meine Hilfe zugesagt, ich weiß es noch wie heute. Ich habe ihm angeboten, dass ich ihm diene und zur Stelle bin, wann immer er mich braucht. Sogar als „Diener" habe ich mich selbst bezeichnet. Das ist doch nicht wenig! Ich finde, er hätte sich etwas mehr darüber freuen können, dass ihm so etwas Einzigartiges angeboten wird. Das passiert schließlich nicht jeden Tag.

**b)** Aber er war so misstrauisch und wollte gleich wissen, was er dafür im Gegenzug tun müsse. Deshalb unterstellte er mir auch gleich, dass ich eine echte „Gefahr" sei und dass ich ihm Böses wollte. Das hat mich geärgert. Kann man nicht erst mal zuhören, was der andere einem zu sagen hat? Oder hatte ich ihm etwa schon mal bei einer anderen Gelegenheit Anlass zu solch großem Misstrauen gegeben?

Seite 67

**❺** *So könnte deine Lösung aussehen:*

Ich freute mich sehr auf das Gespräch mit Faust, denn ich war mir sicher, dass ich die Wette gewinnen würde. Aber warum wirkte er an dem Tag so unzufrieden? Er redete unheimlich viel und ließ mich kaum zu Wort kommen. Ich sagte ihm meine Hilfe für dieses Leben zu, das weiß ich noch ganz genau. Ich bot ihm an, immer zur Stelle zu sein, wenn er mich brauchen würde, und ich bezeichnete mich selbst sogar als „Diener". Er sollte mir meinen Lohn erst im Jenseits geben. Aber er glaubte mir nicht. Das war wirklich ein merkwürdiges Gespräch. Wie kam er nur darauf, dass er mir nicht vertrauen könne? Das ärgerte mich sehr und tut es bis heute. Erst sollte man zuhören, was der andere zu sagen hat. Ich frage mich, ob ich ihm vorher jemals einen Anlass gegeben hatte, dass er mir in diesem Moment so misstraute. In unserem Gespräch fühlte ich mich gleich schuldig, denn er beschimpfte mich als echte „Gefahr". Wenn ich es mir so recht überlege,

hätte er lieber froh sein sollen über mein Angebot. Immerhin bekommt man diese Art von Hilfe nicht jeden Tag angeboten.

Dann traf er ja auch ganz schnell eine Entscheidung und ließ sich auf die Wette ein. Eigentlich gut für mich. Er war sich jedoch völlig sicher, dass er die Wette gewinnen würde. Dass ich ihm auf dieser Welt nichts zeigen würde, was ihn zufriedenstellen könnte. Dass er nie zu einem Augenblick seines Lebens sagen würde: „Verweile doch, du bist so schön." Ich bin mir jedoch immer noch sicher, dass ich die Wette gewinnen werde. Bis jetzt hat noch jeder, dem ich gedient habe, am Ende am Leben bleiben wollen. Ich werde mich dafür sehr anstrengen und mein Bestes geben.

Ich bin mit Faust eine ehrliche Wette eingegangen. Ich werde jedenfalls meinen Teil der Abmachung einhalten. Alles andere liegt nicht in meiner Hand.

**❻** *Individuelle Lösungen*

## Musterprüfungen:

### Erster Prüfungsteil: Textverständnis

Seite 70

**❶** Zeitungsartikel

**❷ a)** In Deutschland gibt es 54 Millionen Internetnutzer, von denen viele auch Privates ins Netz stellen.

**b)** Der Text vergleicht das Internet mit dem menschlichen Gehirn. Es wird gesagt, dass das Internet, anders als das Gehirn, Unwichtiges nicht aussortiert.

**c)** Der Internetwissenschaftler Viktor Mayer-Schönberger lehrt an der National University in Singapur.

**❸ a)** Die ganze Welt konnte die intimen Mails zweier Nürnbergerinnen lesen, weil eine der beiden versehentlich die falsche Adresse eingegeben hat.

**b)** Die von Programmierern entwickelte Software „Vanish" ermöglicht es, dass Daten nach einer bestimmten Zeit verschwinden.

**❹** Der Autor versteht unter der „eigentlichen Erinnerungskultur", dass das Internet die Daten nicht unendlich lange abspeichern darf. Der Mensch sollte sich Gedanken machen, wie lange er bestimmte Daten, z.B. einen Liebesbrief, abspeichern und aufbewahren möchte.

**5** richtig: Nur Antwort C und D stehen im Text.

**6** *So könnte deine Lösung aussehen:*
„Dann passierte es [...] verschickt." (Z. 14–21)
„Welche Möglichkeit [...] abschreckt." (Z. 61–67)

**7** *So könnte deine Lösung aussehen:*
Eine Maßnahme, die dafür sorgt, dass Informationen nicht unerwünscht lange im Netz bleiben, ist die Entwicklung spezieller Programme, die Daten nach bestimmter Zeit ersetzen (vgl. Z. 79 ff.). Eine weitere Maßnahme setzt bei den Nutzern an. Sie sollen den Umgang mit dem Internet ändern und eine neue Erinnerungskultur pflegen, bei der wir Daten „dem Vergessen anheimgeben" (vgl. Z. 106 ff.).

**8** *So könnte deine Lösung aussehen:*
Ich stimme der Aussage zu, dass sich junge Menschen heutzutage verantwortungsvoll im Netz bewegen. Im Text wird beispielsweise in den Zeilen 153–157 davon gesprochen, dass sich „eine komplexe und sehr nuancierte Struktur von Sozialverhalten entwickle" und beispielsweise keine „Saufbilder von Kumpels" mehr gepostet werden.

*Oder:*

Ich stimme der Aussage nicht zu, dass sich junge Menschen heutzutage verantwortungsvoll im Netz bewegen. Im Text wird beispielsweise von der Abiturientin Sarah J. berichtet, „die als 13-Jährige ein Foto ihres Popos im kurzen Jeansröckchen in einem sozialen Netzwerk veröffentlichte" und die aufgrund dieser Unachtsamkeit nun Angst hat, berufliche Nachteile zu haben (Z. 62–67).

**1** Sie wollen besprechen, welches Projekt sie für den Naturwissenschaftstag an ihrer Schule erarbeiten wollen.

**2** Jack ist nervös. Er war an einer groben Hänselei gegenüber August beteiligt und weiß nicht, was dieser seinen Eltern darüber erzählt hat. Dementsprechend weiß er gar nicht, was ihn erwartet.

**3** „Es stellte sich allerdings heraus, dass sein Dad gar nicht zu Hause war und seine Mom gerade Einkäufe erledigte. Nach den zwei Sekunden, die ich mit ihr geredet habe, bin ich mir ziemlich sicher, dass Auggie nie auch nur ein Wort davon erwähnt hat. Sie war nämlich total cool und freundlich zu mir." (Z. 12–18)

**4** richtig: a); c); d)

**5** Becher

**6** August möchte die Liste der Wissenschaftsprojekte durchgehen, um ein geeignetes Projekt zu finden.

**7**
– Regale voller Star-Wars-Modelle
– ein riesiges Das-Imperium-schlägt-zurück-Plakat

**8** Die Energie für die Lampe wird aus einer Kartoffel gewonnen.

**9** **August:** Er ist neugierig und entschlossen, möchte am liebsten alle möglichen Projekte machen, möchte mit Jack zusammenarbeiten. „Jetzt kann ich dir helfen. Das ist ein gutes Projekt, Jack. Das müssen wir machen." (Z. 101–103)
**Jack:** Er hat keine Lust, findet alles, was mit Lernen zu tun hat, langweilig und zu schwer. Er ist nicht überzeugt von seinen Fähigkeiten. „Das klingt viel zu schwer. [...] In meinem letzten Test hatte ich 54 Prozent. Ich bin total schlecht in Naturwissenschaft." (Z. 92–98)

**10** richtig: a); c)

**11** Er macht Gegenvorschläge („Können wir nicht einfach einen Vulkan machen?"), erklärt die Vorschläge Augusts für langweilig, beschäftigt sich mit der Hündin und meint, die Vorschläge von August seien für ihn zu schwer.

**1** **a)** Das Gedicht spielt vom Abend bis zum nächsten Morgen.

**b)** Das lyrische Ich ist in den ersten beiden Strophen folgendermaßen unterwegs: Es reitet.

**c)** Das Thema der zweiten Strophe ist der bedrohliche Ritt durch die nächtliche Landschaft.

**d)** In der dritten Strophe ist das lyrische Ich glücklich.

**2** **a)** kreierte/gestaltete
**b)** nach unten
**c)** mit Tränen

**3** „Ein rosenfarbnes Frühlingswetter" könnte in diesem Zusammenhang auf die Schönheit des Gegenübers deuten. Es soll das besonders schöne Gesicht betonen und zeigt, wie sehr das lyrische Ich in der Liebe schwelgt.

**4** **a)** Durch die Personifikation „Der Mond von einem Wolkenhügel / Sah kläglich aus dem Duft hervor" in den Versen 9 und 10 wird deutlich, dass es Abend oder bereits Nacht ist, da der Mond am Himmel steht. Außerdem wird die Natur hier als unheimlich dargestellt: Das Mondlicht wirkt dürftig und spendet dem Reiter nur wenig Licht.

**b)** Mit der Personifikation „Schon stand [...] / Ein aufgetürmter Riese, da" (V. 5 f.) wird erneut die Bedrohung durch die Natur dargestellt. In der Fantasie des lyrischen Ichs wird die Natur lebendig, werden Bäume riesig, wirkt eine Eiche wie eine schaurige Gestalt im „Nebelkleid" (vgl. V. 5).

**Seite 78**

**5** *So könnte deine Lösung aussehen:*
„Der Abend wiegte schon die Erde" (V. 3) in der ersten Strophe und „Doch ach, schon mit der Morgensonne" (V. 25) in der letzten Strophe verdeutlichen den Zeitraum.

**6** *So könnte deine Lösung aussehen:*
Ich halte diese Aussage für sehr zutreffend. Der Reiter ist spontan (V. 2) auf dem Weg zu seiner Geliebten und ist dabei völlig beherrscht von dem Gedanken an sie. Die erste und zweite Strophe lassen erkennen, dass es schon spät am Abend ist, als der Mann losreitet. Die Nacht holt ihn auf dem Weg ein. Die Gefahren im nächtlichen Wald sind dem Liebenden egal (vgl. V. 13–14), sein Handeln ist somit unvernünftig. Für die Liebe nimmt er jede Gefahr auf sich. Die letzten drei Strophen enden jeweils mit zwei Ausrufen, die deutlich machen, wie besessen das lyrische Ich von dem Gefühl ist, zu lieben und von einer anderen Person geliebt zu werden. Für die Liebe nimmt er jede Gefahr auf sich.

**Zweiter Prüfungsteil: Textproduktion**

**Seite 79**

**1** *So könnte deine Lösung aussehen:*
In einer fränkischen Grafschaft lebte einst ein Vater, dessen Söhne, Karl und Franz Moor, unterschiedlicher nicht sein konnten. Franz, der Hässliche, fühlte sich als Zweitgeborener betrogen, weil das Schicksal ihn nicht für das Erbe und damit die Herrschaft vorbestimmt hatte. Aus dieser Lage heraus intrigierte Franz gegen all jene, die sich ihm und seinem Ziel, Herr zu sein, entgegenstellten.

Es begann damit, dass Franz einen Brief seines Bruders Karl aus Leipzig fälschte, damit der Vater, Maximilian Moor, ein schlechtes Bild von Karl erhielt. Karl bat darin reuevoll, dass ihm der Vater vergeben solle. Der Brief aus der Feder von Franz jedoch beschrieb den großen Bruder als Mörder, der sich seiner gerechten Strafe entziehe und nun steckbrieflich gesucht werde. Er hätte die Tochter eines Leipziger Bankiers verführt und deren Verlobten im Duell getötet. Nachdem der Vater diese Zeilen gelesen hatte, war er erschüttert, dass sich Karl zu solchen Untaten hinreißen ließ. Franz sah den richtigen Moment gekommen und machte dem Vater ein schlechtes Gewissen mit dem Satz, er habe Karl immer mehr geliebt als ihn. Nun forderte er seinen Vater auf, sich von Karl loszusagen. Wieder konnte Franz den Vater täuschen, indem er vorgab, Karl mit dem Brief zu erziehen. Er verfasste an des Vaters Stelle eine Antwort an Karl mit verheerenden Folgen. Er verdammte darin Karl unwiderruflich für seine Untaten. Als Karl diese Zeilen las, brach für ihn eine Welt zusammen, und er beschloss, der Anführer einer Räuberbande zu werden, von der er kurz vorher noch Abstand nehmen wollte. Er fühlte sich von seinem Vater verraten und wollte Rache nehmen. Ein Treueschwur band ihn bis in den Tod an die Bande.

Zu Hause im Schloss trieb Franz weiter seine Intrigen, denn er hatte es auf Amalia abgesehen, die Karl sehr liebte. Franz wollte sie für sich gewinnen, doch Amalias Gespür für die Intrigen wies Franz in seine Schranken. Amalia brannte noch immer für ihren Karl, was Franz noch zorniger machte. Und Franz machte weiter und ersann eine Möglichkeit, den Tod seines Vaters herbeizuführen, ohne ihn selbst umzubringen. Er wollte Maximilian mit einer Nachricht zu Tode erschrecken, und so beauftragte er einen alten Feind von Karl, die Nachricht von dessen angeblichen Tod zu überbringen. Der Überbringer hatte einen Brief vom angeblich sterbenden Karl bei sich, der aus Verzweiflung über den Fluch des Vaters einer Armee beigetreten war und dort im Kampfe das Leben verlor. Maximilian glaubte nun, er sei für den Tod seines Sohnes verantwortlich. Ein präpariertes Schwert, auf das Franz mit Blut den angeblichen letzten Willen Karls schrieb, schien auch Amalia zu täuschen. Der letzte Wille Karls wäre, dass Amalia die Frau von Franz werden sollte. Der alte Moor verfluchte Franz und wollte ihn würgen, doch Franz war stärker und schrie seinem Vater ins Gesicht, dass er endlich sterben solle. Das schwächte den alten Mann und er glaubte, tatsächlich zu sterben, Amalia verbreitete die Todesnachricht im Hause. Franz hörte dies und eilte herbei, um seinem Vater die Augen zuzudrücken, nicht wissend, ob er wirklich tot war. Franz sah sich nun schon als den neuen, Furcht einflößenden Herrscher. Während Karl und seine Bande in den Böhmischen Wäldern ihr Unheil trieben, erfuhr Amalia von Hermann, der die Todesnachricht überbrachte, dass es ein falsches Spiel war und Karl noch lebte. Auch sei der alte Moor noch am Leben.

Als Karl sich entschloss, heimatlichen Boden zu betreten und Amalia und seinen Vater wiederzusehen, erfuhr er von den schrecklichen Machenschaften seines Bruders. Karl war derart wütend, dass er schnell das Schloss verließ, ehe er seinen Bruder umbringen würde. Doch im nahen Wald, wo die Räuber um Mitternacht lagerten, fand Moor in einem Turm eines verfallenen Schlosses einen Gefangenen, dem Essen gebracht wurde. Karl musste erkennen, dass der Gefangene sein eigener Vater war. Franz hatte den Vater tot geglaubt und in einem Sarg verschlossen. Doch Maximilian war erwacht, und als Franz bemerkte, dass der Vater noch lebte, wurde er in das Verlies gebracht. Nur Hermann, der von seinem Gewissen geplagt wurde, hielt ihn am Leben. Karl schwor, diesen Vatermord blutig zu rächen.

Franz ahnte, dass die Intrige auffliegt und er holte sich einen Geistlichen zu Hilfe. Doch als der Pastor meinte, dass die größten Sünden der Brudermord und der Vatermord seien, brach Franz zusammen. Als die Räuber sich dem Schloss näherten, erdrosselte sich Franz mit einer Hutschnur. Sie kamen zu spät. Im Wald gab sich Karl noch immer nicht als Sohn zu erkennen, doch er erfuhr, dass die Liebe seines Vaters zu ihm noch immer die gleiche war. Erst als Amalia zu den Räubern gebracht wurde und Karl dem Vater zurief, dass er ein Räuberhauptmann war, kam die ganze Wahrheit ans Licht. Vor Entsetzen darüber starb der alte Moor. Doch es kam noch schlimmer, denn Karl war an einen Schwur gebunden, der ihm verbot, zu Amalia zurückzukehren. Amalia war verzweifelt und bat Karl, sie zu töten. Und tatsächlich, als Karl provoziert wurde, tötete er seine Geliebte. Damit war er vom Schwur erlöst und stellte sich der Justiz.

**Nachwort:**

Franz Moor war ein radikaler Egoist, der versuchte, durch böse Intrigen seine Position zu verbessern. Er war getrieben von Herrschsucht, Hass und Gier nach Besitztümern und verursachte damit den Zusammenbruch einer ganzen Familie. Er hatte schwere Verbrechen zu verantworten, die er skrupellos plante und ausführte. Er herrschte wie ein Tyrann, dem es Freude machte, die Menschen in Angst und Schrecken zu versetzen. Franz war geprägt von Zynismus und Herzlosigkeit und setzte seine eigene Familie unmenschlichen Qualen aus. Er täuschte und belog seinen Vater und alle, die für seine Pläne wichtig waren. Er schreckte vor nichts zurück und ließ seinen Vater lebendig begraben. In seinem Wahn, Herrscher zu werden, stellte er sich gegen Gott und die Menschen. Nur die Angst vor dem jüngsten Gericht trieb ihn in den Selbstmord, bei dem er sich einer gerechten Strafe feige entzog. Franz fühlte sich als Opfer der gesellschaftlichen Ordnung und forderte diese Opfer mehrfach zurück, indem er unschuldige Menschen ins Unglück getrieben hat, nur um dem Schicksal nachzuhelfen. Er ist zu verurteilen, weil er aus Eigennutz heraus versuchte, Unrecht mit Unrecht zu bekämpfen. Er hat es verdient, in die Reihe der Intriganten des 18. Jahrhunderts aufgenommen zu werden.

**Seite 80**

**2** *So könnte deine Lösung aussehen:*

Das Leben

Kurt Schmidt ist ein ganz gewöhnlicher Mann. Er hat einen streng nach Plan geregelten Tag. Täglich um 6:00 Uhr steht er auf, und alles, was folgt, ist auf die Minute geplant – sogar die Zeit für Essen und Schlafen. Insgesamt hat Kurt Schmidt vier Stunden für seine Fahrt auf die Arbeit und zurück und für das Essen. Kurt arbeitet in einer Glasfabrik, und das jeden Tag neun Stunden lang. Eine Stunde am Tag bleibt ihm für höhere Interessen, zum Beispiel für ein gutes Buch oder so etwas. Dann geht er meist müde und gestresst ins Bett, um seine zehn Stunden zu schlafen. Er denkt gar nicht darüber nach, wie sein Tag war oder was ihm am nächsten Morgen passieren könnte. Wen würde er dann treffen? Dieser Mann weiß genau, dass er niemanden treffen wird, weil er sowieso keine Zeit für Smalltalk hätte. Schmidts Leben besteht zum größten Teil aus

Arbeiten, Essen und Schlafen. Selten träumt er von fernen Ländern und einem anderen Morgen. An Sonn- und Feiertagen aber ist die einzige Zeit, in der er mal richtig ausschlafen könnte. Meist geht er am Wochenende tanzen, die Frauen lieben ihn, doch in Wahrheit hatte er nicht die Zeit für eine feste Partnerin. Immer wenn das Wochenende vorbei ist, fällt er wieder in seinen allwöchentlichen Trott zurück. Und auf diese Weise vergehen die Jahre, und nie verändert sich auch nur irgendetwas. Nach einiger Zeit jedoch hat Kurt Schmidt einen schlimmen Arbeitsunfall, bei dem er seinen Daumen verliert. Er kann nicht mehr arbeiten, also sucht er sich eine alternative Beschäftigung. Kurt ging nun auch an Werktagen tanzen und findet die Frau, mit der er leben könnte. Ihr Name ist Fräulein Brandt. Sie bringt wenige Monate später ihren Sohn zur Welt. Doch trotz guter Pflege verstirbt das Kind. Und so vergeht die Zeit wieder. Kurt aber merkt plötzlich, wie sehr er sich auf einen Tagesplan fixiert. Er erkennt, dass er ziemlich alleine ist und welch trauriges Leben er führt. Er beginnt, sein Leid zu begreifen. Die Zeit ist aber unerbittlich und kennt kein Erbarmen. Man kann sie nicht aufhalten und nicht zurückdrehen, auch wenn man es noch so sehr wünscht. Doch er sieht sich um und sieht all die anderen Schmidts auf dieser Welt und verliert dabei die Hoffnung, dass es jemals besser wird. Er blickt in die Zukunft, und sie zeigt ihn als einen armen, alten Mann. Kurt Schmidt ist der Ansicht, dass der Mensch ein Gemüse ohne Seele sei, das aufwächst, nur um sich und andere mit Nahrung zu versorgen. Besitze jemand doch eine Seele, so ist sie in Schmidts Augen nichts wert. Sie würde dem Menschen nichts nützen, weil es keinen Platz gibt für Zufriedenheit und Lebenssinn. Nur Gleichschritt und Eintönigkeit umgeben die Masse. Kurt Schmidt schaut zurück. Tag für Tag stand er schwitzend im Betrieb. Vier Stunden des Tages vergingen fürs Autofahren und Essen. Ausgelaugt und leer kam er zu Hause an. Zehn Stunden lang schlief er wie eine Maschine, die abgestellt wurde. Kurt Schmidt hält es nicht mehr aus, so zu leben, wenn man es Leben nennen könnte. Darum beschließt er, dieses zu beenden und bringt sich um – genau in dem Stündchen, das ihm übrig blieb. Eine Entscheidung für eine andere Art von Freiheit von einem Mann, der nicht wusste, wozu er lebte.